U0274714

民法典
如何保障我们的
日常生活

艾罗伟————著

# 法律人笔记

清华大学出版社

北　京

本书封面贴有清华大学出版社防伪标签，无标签者不得销售。

版权所有，侵权必究。举报：010-62782989，beiqinquan@tup.tsinghua.edu.cn。

**图书在版编目(CIP)数据**

法律人笔记：民法典如何保障我们的日常生活 / 艾罗伟著 . —北京：清华大学出版社，2023.8

ISBN 978-7-302-64686-0

Ⅰ.①法…　Ⅱ.①艾…　Ⅲ.①民法－法典－中国－通俗读物　Ⅳ.① D923.04

中国国家版本馆 CIP 数据核字 (2023) 第 187367 号

**责任编辑：**顾　强
**装帧设计：**方加青
**责任校对：**王荣静
**责任印制：**丛怀宇

**出版发行：**清华大学出版社
　　　　　网　　　址：http://www.tup.com.cn，http://www.wqbook.com
　　　　　地　　　址：北京清华大学学研大厦 A 座　　邮　　编：100084
　　　　　社 总 机：010-83470000　　　　邮　　购：010-62786544
　　　　　投稿与读者服务：010-62776969，c-service@tup.tsinghua.edu.cn
　　　　　质 量 反 馈：010-62772015，zhiliang@tup.tsinghua.edu.cn
**印 装 者：**河北鹏润印刷有限公司
**经　　销：**全国新华书店
**开　　本：**148mm×210mm　　印　张：8.25　字　数：173 千字
**版　　次：**2023 年 10 月第 1 版　　印　次：2023 年 10 月第 1 次印刷
**定　　价：**68.00 元

产品编号：102733-01

# 推荐序

经过数年打磨，好友艾法[①]的心血之作《法律人笔记》终于问世了。因知写书不易，在收到他的作序邀请后，我立马答应下来。欣然阅毕，我不禁感慨：艾法还是那个艾法——在法官这个岗位上，他认真地做着他该做的；而回归到个人，他依旧是那个独特的他。

我一直在思考到底该怎么更好地帮助大家认识和理解这本书，思来想去，决定从三个角度分享，即这本书、这份职业、这个人。

首先可以确认的是，《法律人笔记》是一本非常优秀的普法读物。

我曾经做过一次 TED 演讲，在演讲中我说，法律服务对很多人来说是伪需求。什么是伪需求呢？就是你心里认为它很重要，但你却很少用到它。

比如对很多人来说，他们每年可能都会去看一两次医生，会去街边药店买几次药，但且不说每年了，他们可能一生都打不了几个官司。当你对一项服务的消费频次很低时，你自然不会对它过多关心。可回过头来你会发现，当你真的需要打官司的时候，这场官司

---

① 本书作者的网名。

往往对你非常重要：离婚，涉及感情与财产的重大变故，很重要，我见过太多因失败的婚姻而倾家荡产的案例；离职，涉及工作重大变故，很重要，我曾经帮月入 3000 元的机场司机拿到 8 万元的赔偿；人身意外，涉及健康乃至生命，很重要，官司没打好，自己乃至整个家庭的生活都会受到严重的负面影响。

如果你事前缺乏法律意识，那当你面临这些人生中的重大变故时，往往会在措手不及中陷入被动。

所以，到底怎样才能让大家在日常生活中关注到法律呢？

和艾法一样，我平时也会不定期在网上写一些普法文章，据我个人一点微不足道的经验，公众只会在 3 种情况下对法律感兴趣：第一，是自己遇到有关法律问题的时候。所以你会发现关于婚姻法、劳动法和交通肇事的案件普遍受到公众的关注。第二，是遇到热点社会事件的时候。比如有明星偷逃税款、公众人物涉嫌犯罪时，大家会对事件后续的法律处理非常好奇。第三，是故事。故事推动着人类社会的发展，你不一定对法律感兴趣，但你一定对故事感兴趣，而每个案件背后都有着一个故事。

《法律人笔记》中，艾法从自己亲手办的案件里提取出了诸多与老百姓生活息息相关的法律要点，让读者在看故事之余获得相关的法律知识，同时分享了法官在审理一些与生活息息相关的案件时可能存在的审理思路，既不会有强行灌输知识给人带来的疲倦感，有关法律知识的实用性也很强，从书本身而言，这是本好书。

其次，我也想跟大家谈谈法官这份职业。

其实法官这份职业与律师有一个极大的共同点，即我们都是复杂矛盾的有限参与者。

这是什么意思呢？

如前文所言，普通人一生真正去法院的机会是很少的，当他决定去法院打官司的时候，大概率是矛盾非常尖锐、对自己人生有重大影响的时候，而我们很多人的个人成长往往会因这些重要的人生节点发生重大变化。在此情况下，打官司，律师会介入，是代理人；法官会审判，是裁判者，我们的日常工作便是近距离地观察并介入这些复杂矛盾，并从中汲取经验和营养。同时，案件来源于实际生活，一个负责任的法律工作者在参与他人人生重要节点的时候，更需终日乾乾，时刻保持学习，不能一日停止。这些职业特性，都令我们相对从事其他职业的人可以更加快速地积累和丰富自己的知识与阅历。

这些积累不仅能让我们更好地帮助他人，更能增长我们对世界的认识，毫无疑问是我们人生的重要财富。而本书中，艾法以自己的实际办案经历为切入点，不仅将有关法律知识，更将自己在职业经历中形成的对世界的珍贵理解分享给大家，其中蕴含的价值，绝非仅仅普及几个知识点那么简单。

最后，我也希望这本书的读者和我一样，能看到作者文字背后精彩的灵魂。

行文至此，我不禁想与朋友们分享一个艾法的"黑历史"：感兴趣的朋友可以在网上搜索艾法 2017 年 9 月参加综艺节目《非诚勿扰》的片段，实不相瞒，为写此文我专门重温往事，然后捧腹不止。

是的，这就是艾法：你很难想象一名资深法官会去参加热闹欢腾的相亲交友节目，也很难想象一名需要在工作中保持严肃形象的人下班后会喜欢机车与蹦迪。这些看似矛盾的存在丰富着他整个人的形象，也塑造和成全着他的可爱。

他的可爱，在于他不想被定义；他的可爱，在于他并不局限于世俗无形中给他的桎梏。

人之一生，所活为何？

我想很多人会对名利有着天然的向往，毕竟改革开放四十余年来似乎有无数关于浮名与财富的故事在告诉我们：当你有了这两样东西后，你便拥有了幸福。

可到最终你会发现，实现幸福的道路有很多条，名利或许确在其中，但幸福真正的捷径，是爱与自由。

因为职业原因，我认识一些有产阶层人士，和他们接触多了你会发现，尽管他们中有很多人早已实现所谓的财富自由，但他们依旧会很焦虑，并由此产生诸多痛苦：怕自己失去、怕旁人觊觎、因过于追求事业丧失了亲朋好友之爱。这部分人口头可能不承认，但在内心却常常将自己视为坐守金山的失败者。

至于名气，于他们而言是比财富更令人痛苦的东西：在变现之前，它就是负债，如同必须扛在肩上的厚厚的壳，你必须小心翼翼地维护它、擦拭它，因为你深知若某天它倾倒破碎，会将你砸到万劫不复。

他们中的幸福者，幸福往往不来源于名利本身。

所以幸福的是哪些人呢？是那些家庭稳定和谐的人，是那些投身于热爱中的人，是那些遵循自己意愿活着的人——和自己热爱的人在一起，做自己热爱的事，若由此获得一些被社会认可的成就，那就更美好了。

这份幸福的前提，是自由。

我非常确定，艾法是一名热爱自由，也是忠实于自由的人。

他热爱并忠实着法律，所以他成了法官；他热爱并忠实着分享，所以他写了《法律人笔记》；他热爱并忠实着生活，所以他有着广泛而精彩的爱好；他热爱并忠实着自己，所以他到目前为止依旧有着广阔丰富的人生。

如今，他将法官这份职业带给他的诸多经历与智慧拿出来分享给我们，将他对人生和世界的看法总结到了这本书中，我们应对此感到高兴。

在此，我要祝贺艾法。

我知道这本书背后凝聚了他诸多人生的沉淀，他为此肯定掉了很多头发，但没关系，锃亮的脑门上闪耀着的，是法律人的荣光。你完成了这本书，这是对你作为法官的这段精彩人生经历的宝贵纪念。

希望艾法的这段宝贵人生经历能给每位读者朋友带来价值，我想于作者而言，这是最开心的一件事。

法山叔

2023 年 8 月

# 自序

写下这些文字的时候，已经是苏州的深夜。从 2021 年 3 月开始动笔撰写书稿的那天起，到现在已有两年多了。而这两年多的时间里，我也从法官转型成了企业法务，这本书仿佛是给我十年法官生涯的一个最好的总结。

作为一个民事法官，我于 2017 年进驻微博，闲暇时就把自己遇到的奇葩案件编成一个个故事写在微博上，作为工作的记录。没想到这些庭审故事突然之间就火了，广大网民纷纷点赞、评论，对法院的庭审故事表现出极大的兴趣，对案件的审理也提出了千奇百怪的问题。

这让我突然发现，原来一本正经的法律类知识也有如此广阔的市场与受众：作为一个法律人，我觉得是常识性的法律规定，网民们却是头一回知道；我觉得是日常工作的案件庭审，网民们却好奇不已。在众多网民的评论支持之下，我的庭审故事也在微博上持续更新了下去。算是托了民事法官这一职业的福，一年审理 300 多个民事案件的我，段子和故事那真是信手拈来，工作中遇到的奇闻逸事，持续补充着我微博故事的素材库。

从 2017 年在微博更新庭审故事开始，到 2021 年算来也有 4 个年头了，其间也有不少朋友打趣说："嘿，你这么多有趣的故事，有机会可以出本书了。"当时的我只是笑笑，从未想过这些玩笑话能成真。直到看到出版社编辑给我寄来的出版合同，我的心里才隐隐地有了点意识：我好像真的要出书了？

其实微博发文和出版图书还是有很大差异的。虽然 4 年里我在微博也发表过上百个案例故事，但并非所有的案例都适合编入书中，而当初的微博文字也并不适合直接搬进书稿之中，于是我就开始了漫长的"写稿之旅"。

2021 年 3 月，彼时的我还是一名民事法官，办案压力并不会因为你将要出书而有半点的减轻，于是我过上了"白天开庭，晚上写稿"的忙碌生活。科比说他见过凌晨 4 点的洛杉矶，彼时写稿的我也算是见过很多次凌晨 3 点的苏州。在此也要感谢编辑老师的耐心，其实最初的交稿期限只有 3 个月时间，但是我足足拖了半年多才正式交稿，编辑能耐心等待而不催稿，真算是对我这种新手作者最大的礼遇了。

回归到书稿的本身，我一直在思考：这本书能给大家带来什么？如果仅仅是猎奇的法院小故事，那就浅薄了些。我还是希望这本书能给各位读者带来一些知识的积累与实务的帮助。虽然不见得会真的遇到类似的案件，但如果碰巧遇上了，只要读过这本《法律人笔记》，学会了相应的法律知识，遇事也能不慌。

我们普通人在生活中遇到的法律问题，其实无非就是职场、婚姻、借钱、消费、房产等领域兜兜转转的事儿。所以我基于自己多年的审判工作经验，针对这些领域，结合真实的案例，再进行一定的艺术加工，写出了几十个还算生动的庭审故事，并延伸出了相应的法律启示，希望能让读者朋友们在这些故事里有所收获。

如今，这十余万字的书稿终于审校完毕，静待付梓问世，思及过往，不禁感慨：

一是感慨写书的不易。因为彼时办案任务重，写书的时间并不充裕，于是在出差的高铁上、在洗车店的休息室里，甚至在参加饭局等待朋友的饭桌前，都留下了我码字的身影。当然，更多的时候，我还是坐在卧室的书桌前，望着窗外深夜的苏州，在脑海里构思着一个又一个的故事。

其实书写到一半时，我出现过灵感枯竭的状态。当时正值苏州的夏天，燥热的天气配上焦躁的心情，着实令人抓狂。感谢彼时朋友们的宽慰与陪伴，也感谢微博上网友们的支持与鼓励，让我在放下内心包袱之余，逐渐调整心态，才最终熬过那段灵感枯竭期。

二是感慨工作的转型。随着码字的深入，一个个鲜活的故事从我的指尖流淌成为文字，我回忆着近十年中遇到的各色案件，观察着那些因为案件而改变的人生。在某一个深夜，埋头码字的我突然有了个想法：为什么不试试离开体制内呢？其实这个想法刚冒出来的时候，连我自己都被吓了一跳，但静下心来认真思考后，最终还是决定离开自己的舒适区，去往自己可能更喜欢的地方。

很快，朋友向我推送了一个上市集团公司法务副总的职位，经过几轮面试，我顺利拿到了 offer，接下来就是两个多月的离职交接，以及最终的入职。这本书从无到有，我也从法官到法务，它也算是见证了我的工作转型。

三是感慨人生的无心插柳柳成荫。我最开始在网上写东西，可以追溯到 2015 年的知乎，彼时只是随便在知乎上记录自己的生活，对社会热点事件发表自己的看法，嬉笑怒骂皆文章。彼时的知乎还算是个小众网站，当时的我也很快成为拥有数万粉丝关注的大 V，两年后我便被邀请进驻微博，逐渐在微博又有了 100 多万的粉丝，再然后便有了庭审小故事，最终被出版社编辑无意间看见，就有了这本书。

以上种种，其实都是随心之举，并没有刻意而为，只不过是遵从自己的内心，写了一些自己想写的文字，做了一些自己想做的事情，最终却收获了一些意想不到的成果罢了。我工作的转型也是如此，离开体制内确实是一件很需要勇气的事情，而且一如罗伯特·弗罗斯特的经典诗作《未选择的路》所言，你永远也不知道你没有选择的那条道路结果会是怎样的。但我并没有太纠结于得失，毕竟只要遵从自己的内心，无论最终的风景如何，那都已经是最好的选择。

人生就像一条不断流淌的河流，很有幸与各位读者在此相聚。希望这本书的故事既能博各位一笑，也能给各位传递一些常见法律问题中的基础知识，让大家遇事不慌。最后也祝愿亲爱的读者朋友们，都能在自己喜欢的事物里，随心而为，遇见最好的自己。

艾罗伟

2023 年 6 月于苏州

# 目 录

## 第一章　借钱和还钱，都是个事儿

# 日常生活，离不开买和卖

# 漫漫维权路，懂法才能找到捷径

第四章

## 房子有烦恼，法律来指导

第五章

## 职场：有的坑要躲，有的理要争

## 第六章 结个婚，把挠头的事都捋一捋

## 第七章 人在路上，法在心中

第八章

## 发生意外，想告赢还得多读法条

- 有借条为什么还打不赢官司？
- 没写借条，钱怎么就要回来了？
- 借款拿房产证做抵押，为何不作数？
- 民间借贷遭遇"砍头息"，付还是不付？
- 迷局：到底是"分手费"还是借款？
- 伪造借条签名？只有证据能破迷局
- 未约定期限的借款担保，半年过期不候
- 同名同姓人不少，告错人了须赔钱
- 开庭不带证据原件，要么白跑一趟，要么败诉

第一章

# 借钱和还钱，都是个事儿

# 有借条为什么还打不赢官司？

"法官，我是冤枉的！我真的没借那么多钱！我可以发誓！"

这个当庭赌咒发誓的小伙子叫小刘，他和老王是老乡。按照老王的说法，当初老王自己一个人去香港购物，偶遇也在香港的小刘，小刘当时说要借30万元，老王很痛快地答应了，然后交给了小刘10万港币现金，还转账了20万元人民币给他。

庭审中，老王拿出了一份借条，上面明明白白地写着"小刘向老王借款30万元，其中转账人民币20万元，港币现金10万元"，小刘也在借条上签了名，还按了手印。

但小刘在庭上大喊冤枉，说自己确实找老王借了20万元人民币，当时是转账收到的，但10万港币现金绝对没收到，然后又是一通赌咒发誓。

这种动辄发誓的当事人，我在法庭上倒也见了不少，但咱们是一个法治社会，凡事讲证据，哪能搞封建迷信呢？所以发誓在庭审中是没有任何意义的，问题的关键是：小刘你当初为啥写了30万元的借条？

小刘喊道："我是被逼的，当时在香港急着用钱，就借了老王20万元人民币，哪承想，回苏城之后老王就逼迫我写了30万元的借条，说 10 万港币是利息。"

我继续问："就这，你不报警？"

小刘耷拉着脸："我也不敢啊。"

既然小刘把话说得这么严峻，我就查了一下系统里的关联案件。这老王和小刘都挺干净，啥案底都没有，那老王真有小刘说的那么坏吗？

我问老王："为什么不用转账来交付剩余的 10 万港币，为什么要现金交付？"

老王回答："我自己刚好身边有 10 万港币现金。"

我继续追问："那这 10 万港币现金哪儿来的？"

"有几万是从内地带过去的，还有几万是在香港奢侈品店刷卡套出来的现金。"

"你从内地带过去的几万港币是哪儿来的？取现的话请提供流水。"

"港币现金是找朋友兑换的。"

"哪个朋友？"

问到这里，老王沉默了半晌，悠悠地回了一句："我不记得了。"

我趁热打铁："你不是去香港购物吗？为什么去奢侈品店不是购物，反而是套取港币现金？"

如此追问之下，老王陷入了彻底的沉默。

庭审到了这份儿上，老王实在是圆不了故事了。在沉默的老王及赌咒发誓的小刘面前，我结束了庭审，准备过两天把判决书写出来。

怎么判呢？挺简单的，民间借贷案件有两大要素：第一个是款项交付，也就是证明你确实把钱给别人了；第二个是借贷合意，就是证明你给他的这笔钱是借给他的借款，而不是其他款项。在这个案子里，借贷合意确实有，那就是借条，但是光有借条也不够，你得证明你把钱给别人了。

审判实务中，转账交付是最好的交付凭证。你说当时是现金交付，也不是不行，比如一两万元现金交付就挺正常，但对于10万元及以上的大额款项交付，如果你也说是现金交付，在如今支付宝、微信、手机银行转账如此便捷的情况下，那未免有些奇怪了。

既然借款人坚持抗辩这些大额现金并没有收到，那法院自然应该详细询问出借人这些大额现金的来源，比如取现记录之类的。在这个案件里，老王很明显没办法把故事说圆了，所以他这借条里的10万港币，我还真不能判他赢。

果然，开庭后第二天，老王的律师就打电话来了，说老王已经和小刘庭外达成了和解。我问他们最终和解的还款金额是多少，老王的律师闷声说："20万元人民币。"

看来，我的判断果然没有出错。

**案件启示录**

很多朋友都知道借条的重要性，甚至可能还特意学过借条的写法，但其实从法官办案的角度来说，款项是否真实交付，可能比借条更重要。

为什么光有借条还不够呢？

因为现实中很多借条背后都是赌债或者高利贷，压根儿就不是正常的借贷。比如你赌博输了 10 万元，对方逼你写了 10 万元的借条；又比如本案中的老王，借出去 20 万元人民币，却要收取 10 万港币的高利息，还逼着小刘把利息算进借款总金额写进了借条。最终他们都可能拿着借条来法院起诉，如果我们不查清这背后的真相，那法律就很容易被利用，成为追讨赌债和收取高利贷的"合法工具"。

看到这儿，可能又有朋友会说："那要是我正常借给别人钱，既不是赌债也不是高利贷，那么只要有借条就行了，我身正不怕影子斜。"

那咱们倒过来想想：虽然你有借条，但全都是现金交付，没有转账凭据，一旦对方狡辩说你这笔借款是赌债或高利贷，或者说自己从来没收到钱，你如何自证清白呢？何必自找麻烦呢？

所以呀，在出借款项的时候，除了要求对方出具借条，在款项交付这方面，还是优先采用银行转账、支付宝转账、微信转账等方式，而且尽量在转账的备注中写明是"借款"。这样一来，金钱往来有留痕、有备注，就不怕对方抵赖了。

## 没写借条，钱怎么就要回来了？

原告小岚才 21 岁，是苏城一所大学三年级的女学生；被告小帅年纪也不大，虽然没有固定工作，但 24 岁的他人如其名，确实很青春帅气。

但这张好看的脸好像并不讨小岚妈妈的欢心，是的，小岚是由她妈妈陪着一起来法院起诉的。还没开庭呢，小岚妈妈已经开始高声数落小帅的不是了。

"你这种小伙子一点都不像男人！我女儿还在读书啊！你这有手有脚的，怎么能向她借钱呢？！借了就算了，居然还不还！你良心过得去吗？"

"不是借的，明明是她给我的……"小帅试图为自己辩解。

"你这小小年纪还学会这一套了？你还是人吗？！"小岚妈妈估计是被小帅这话给刺激到了，腾的一下就站了起来，指着鼻子就准备开骂了。

不过，小岚始终在旁边低着头默不作声。

我一般不会制止庭前双方的情绪宣泄，但是一旦语言尺度越过了边界，那还是要控场的。我瞥了一眼书记员，庭前准备工作已经差不多了，于是敲了敲法槌，对小岚妈妈说："好了好了，马上开庭了，少说两句，注意法庭秩序。"

案情倒也简单，小岚和小帅在网络游戏里相识，两人关系暧昧，但并不是男女朋友，小帅经常以各种理由找小岚借钱，前前后后几十笔，虽然每笔金额都不大，但加起来也有 1 万多元了。小岚多次催讨，但小帅一直拖着，后来小岚实在扛不住，就把实情告诉了父母，小岚妈妈怒气冲冲就来法院起诉了。

小帅的抗辩倒也简单，而且还显得有些理直气壮："这些都是小岚自愿给我的钱。"

我挥了挥手制止了正准备发作的小岚妈妈，先询问小帅："你们俩是什么关系，是情侣关系吗？"

小帅瞟了眼小岚，说："不是的，就是普通朋友，可能她喜欢我吧，但是我对她没感觉。"

这时的小岚终于把头抬了起来。

我继续问小帅："既然是普通朋友，别人凭什么送钱给你用？"

小帅头一甩："那她愿意给，我就拿着呗。"

接下来是举证环节，小岚妈妈只能提供微信转账的后台数据，但没有办法提供手机聊天记录，更没有借条之类的证据。我把小帅的手机也拿了过来，发现他也已经把聊天记录删除了，而且小岚微信转账时也都没有备注。

这案子有点让人头疼了，我问小岚："你怎么也把手机聊天记录删掉了？"

小岚妈妈抢着回答道："我女儿手机坏过一次，拿去修了之后就什么记录都没有了，所以这个家伙才不认的。"

截至目前，没有任何证据证明这些钱的性质，每笔金额又很小，总金额也不大，也确实存在赠与的可能性，强行认定借贷关系，还真是有些风险。

我正头疼，一直没说话的小岚突然开口了："法官，我还有聊天记录。"在所有人惊讶的注视下，小岚从书包里掏出了个 iPad。原来，手机里的微信聊天记录是可以同步在 iPad 上的。

我当庭查阅了两人之间的聊天记录，小帅几十次的借款理由真是叫人开眼，比如"我今天要去上海打比赛了，没有路费，你借个

500 给我吧"，又比如"我今天又接到一个陪玩订单，现在要去洗头发做个造型，你借个 200 给我吧"，甚至还有"我好兄弟来苏城玩，我没钱请他吃饭，你借个 300 给我吧"……而等到小岚回过头来找小帅催债时，小帅则是今天拖明天，明天拖后天，要么赌咒发誓月底还，可月底总归又有新借口，到后面甚至就不回微信了。

看完几十页的聊天记录，我问小岚为什么之前不提供这个重要证据，小岚妈妈也一脸不高兴地看着小岚。

小岚说："其实我就是想看看他说不说实话，我一直以为他只是没钱还，但欠钱应该会认的，既然他现在睁眼说瞎话，那我也看清楚他是什么人了，也就没什么好保留的了。"

案件审理到这儿，已经算是证据确凿了，我便直接判决小帅立刻向小岚归还 1 万余元的借款。

回到办公室，书记员小曹和我八卦："我感觉这小岚应该是真的喜欢这个小帅，估计主要是小岚妈妈想打这个官司，小岚要不是听到小帅明说对她没感觉，可能都不会把 iPad 拿出来。"

我回了小曹一句："长得帅，难道就可以为所欲为吗？"

**案件启示录**

1. 和小岚一样，很多人都会遇到"亲密关系借款"问题。情侣、好友、亲属这类关系亲密的人之间，往往会出现频率较高的金钱往来，在没有特别标注的情况下，很难认定这些金钱往来的性质是借款还是赠与。

　　所以在向关系亲密的人出借款项时，要求对方出具书面的借条就显得尤为重要。正式的书面借条应该详细地注明出借人、借款人、借款金额、交付方式、利息标准、归还日期，同时一定要让借款人签字确认。

　　俗话说，亲兄弟明算账。再亲密的关系，面对金钱的考验时，都是很容易出问题、出状况的。有些朋友可能在借款时碍于情面，没有当场让对方写借条，那么后续让对方补写一份借条也是有效的。

　　2.在极端的情况下，如果对方就是不愿意出具借条，那也不用慌，只要有能体现出借款事实的证据就能大大增加官司的胜算。微信聊天记录、短信记录、转账备注甚至录音都可以作为证据，只不过不如借条那么直接高效。

## ⚖ 借款拿房产证做抵押，为何不作数？

　　之前刑庭的许庭长和我聊到有人办假房产证，然后拿给别人当作借款抵押时，我就很纳闷：怎么会有人觉得光拿个房产证就能算作抵押了呢？

　　没想到，今天开庭的小刘让我发现，有这种错误想法的人，还真挺多的。

　　小刘是个土生土长的苏城人，他有个从小玩到大的朋友阿刁，两人之间经常互相借一点小钱，也都是有借有还。最近一次，阿刁突然找他借 50 万元，说是要投资生意。小刘也不是拿不出这 50 万元，只是心里有些忐忑。

阿刁这时掏出房产证来，说："你要是信不过我，那我把我的房子押给你，房产证放你这儿，这样你总放心了吧？"

听完这话，小刘还真放心了，心想这苏城的房子随便一套也值上百万，既然他房产证都押我这儿了，肯定不会出啥事儿。而且在写借条的时候，小刘还特意让阿刁加了一句"本借款以阿刁名下的××房产作为担保"，对此，小刘还颇为得意，觉得这房产抵押都白纸黑字写下来了，更是没问题了。

结果阿刁拿到这 50 万元之后就消失了，借款到期之后更是联系不上他，小刘于是赶紧到法院起诉，要求法院判决阿刁归还 50 万元借款本息，并对阿刁的房产享有抵押权。

阿刁自始至终都没有露面，这个案件只能缺席审理。庭审中，小刘挥动着阿刁的房产证，底气十足地说："法官你看，我手上有阿刁的房产证，我还去房管局问过了，这证确实是真的，而且借条上他也写明了这个房子是给借款做担保的，所以法官你一定要判我赢啊，我老婆还不知道我借出去 50 万元呢。"

看着如此自信的小刘，我是哭笑不得，然后拿出了开庭前我派人去房管部门调取的阿刁的房产资料。根据这些材料，阿刁押给小刘的所谓房产，不仅有房贷，而且还被好几家法院查封了，这些案件的查封金额加起来，已经远远超过了这套房子的市场价。所以就算小刘胜诉，也不可能从这套房子上执行到任何的财产。

看完这些材料，小刘怯怯地问我："我手上都拿着房产证原件了，为啥我还不能享受抵押权？"

"抵押的作用是，对于有抵押的债务，可以用抵押的财产优先清偿。如果你这笔 50 万元的借款按照法律程序办理了抵押登记，那么这套房子拍卖、变卖之后的房款，是要优先用来归还你这笔 50 万元的。这样一来，不管阿刁外面有多少债务，都不影响你这 50 万元的清偿。"

说到这儿，我顿了一顿，叹了口气："但是按照法律规定，房产的抵押权，是必须去房管部门登记之后才生效的，如果只是拿个房产证原件，或者在借条上写一写，都没什么意义。"

听完我的解释，小刘瞬间泄了气，接着又不死心地问道："就算我没有抵押权，我还能申请法院拍卖他这个房子来还我的钱吗？"

"他这个房子的贷款都还没还清，还被好几家法院查封了，估计等前面已经查封的案件执行完毕，这房子的拍卖款也不剩啥了。更重要的是，我看这个阿刁现在有这么多人都在起诉他还钱，估计经济状况堪忧呀。"我翻看着系统里的关联案件，不禁感叹这个阿刁又是个欠一屁股债然后跑路的老赖。

小刘的眼神黯淡了下去，大概是在想回去怎么和妻子解释这借出去的 50 万元吧。

**案件启示录**

《中华人民共和国民法典》（以下简称《民法典》）第三百九十五

条规定：债务人或者第三人有权处分的下列财产可以抵押：

（1）建筑物和其他土地附着物；

（2）建设用地使用权；

（3）海域使用权；

（4）生产设备、原材料、半成品、产品；

（5）正在建造的建筑物、船舶、航空器；

（6）交通运输工具；

（7）法律、行政法规未禁止抵押的其他财产。

《民法典》第四百零二条规定：以本法第三百九十五条第一款第一项至第三项规定的财产或者第五项规定的正在建造的建筑物抵押的，应当办理抵押登记。抵押权自登记时设立。

这意味着，以房屋作为债务的抵押时，是必须去相应的房管部门办理抵押登记的，如果不办理登记，那么抵押权就不会生效。

很多缺乏法律知识的朋友在出借款项时，自认为拿着房产证原件就算是抵押了，这种想法完全错误。希望大家从这个案件中有所获益，不要犯低级错误，尽可能地防范法律风险，维护自身合法权益。

## 民间借贷遭遇"砍头息"，付还是不付？

2018 年"扫黑除恶"行动刚开始时，我手上有一个借条 100 万元、转账也有 100 万元的民间借贷案件，虽然这看似已经是铁案，但欠款的被告大刘在法庭上声泪俱下，非常坚定地说原告老王就是专做"套路贷"的黑恶势力，并且表示这个借款他只拿到了 60 万元。

我一脸疑惑地问大刘："你的银行流水里显示你收到 100 万元，借条也写了 100 万元，为啥现在又说只拿到了 60 万元呢？"

大刘抹完眼泪，说："我做生意亏了好多，银行已经不贷款给我了，我只能找外面这些专门放贷的人借钱。我以为顶多就是利息高一点，没想到他们直接逼我在拿到钱的第一天就把一年的利息给他们，也就是'砍头息'。100 万元一年利息 40 万，我账户到账100 万之后，就取了 40 万现金出来交给老王了。"

我一看大刘的银行流水，还真是，收到 100 万元转账的当天，确实立刻取现了 40 万元。

老王当然不承认，说这个取现记录又不能说明什么，大刘借钱是用于生意周转，拿到 100 万元后取现 40 万元说不定是用在他自己生意上了，凭什么说是交还给自己了，证据呢？

庭审陷入了僵局，大刘在那儿一把鼻涕一把眼泪地赌咒发誓。对这个案子，我有些吃不准了。

2020 年 8 月最新的民间借贷司法解释出台之前，我国法律对民间借贷最高利率的规定是年息 24%，最新的司法解释把这个保护的利率上限降低到了 LPR（贷款市场报价利率）的 4 倍，大约是年息 15.4%。这都是远远低于大刘刚才说的年息 40% 的，而且法律也不允许预先扣除所谓的"砍头息"。所以，如果大刘说的是真的，那么我们法院还真不能这么轻易地支持老王 100 万元的诉请。

面对 40 万元的悬案，面对大刘的大呼冤枉，为了慎重起见，我选择了休庭。

后来的几天，我调取了老王名下所有的银行账号，然后一家银行一家银行地查，终于在老王某个小银行的账户里，查到了重要证据：就在大刘取款40万元后的半个小时内，老王的另一个账户存入了40万元现金。

拿着这份铁证，我又开了一次庭，在展示这份存款记录之前，我最后一次询问老王："你汇款给大刘100万元的当天，是否拿到大刘或者其他人交给你的40万元现金？"

老王依然嘴硬："没有。"

但他看到这40万元的存款记录时就傻了，他可能根本想不到我会为了这笔40万元而把他所有的银行账户都翻了个底朝天。

这个案件因为老王涉及虚假诉讼、"套路贷"，最后是直接裁定驳回起诉，移送公安部门处理。

什么是虚假诉讼呢？像老王这种明明大刘已经付款40万元现金，却说自己从未收到，企图蒙混过关、欺骗法院的，就是虚假诉讼。若是法院真没查出来这40万元，判决支持了老王100万元的诉请，那后果十分严重。

那什么是"套路贷"呢？像老王这种明明出借100万元的当天，就预先扣除了一年的利息，且不论年利率40%已经远超法律规定，仅预先扣除利息这一行为就是不合法的。老王利用大刘急需用钱的难处，在出借款项的时候又是高利贷，又是"砍头息"，还试图通过法院诉讼来洗白这笔非法放贷，那就必然涉嫌"套路贷"了。

大刘在案件结束之后给我送了一面锦旗，感谢我如此细致地查案，替他申冤，不然那40万他就算是喊破天，也没有证据能够支持他。但说实在的，和所送的锦旗相比，我更乐见大刘今后借钱的时候能长点心。

**案件启示录**

1."套路贷"，是对以非法占有为目的，假借民间借贷之名，诱使或迫使被害人签订"借贷"或变相"借贷""抵押""担保"等相关协议，通过虚增借贷金额、恶意制造违约、肆意认定违约、毁匿还款证据等方式形成虚假债权债务，并借助诉讼、仲裁、公证或者采用暴力、威胁以及其他手段非法占有被害人财物的相关违法犯罪活动的概括性称谓。

自2019年最高人民法院、最高人民检察院、公安部、司法部联合发布《关于办理"套路贷"刑事案件若干问题的意见》以来，公检法司各部门都加大了对于"套路贷"的打击力度。

2.无论自己多么急需用钱，也要远离非法放贷，尽量去银行等正规金融机构借款，而不要向放高利贷的个人或非法机构借款。一旦遇到要求预先支付利息的"砍头息"，一定要坚决拒绝。在本案中，如果不是法官最终查到了老王的银行账户当天进账40万元，又有什么证据能证明大刘当天取款的40万元现金是交给老王的"砍头息"呢？

再往深里想，如果老王再狡猾一点，当时收取大刘40万元的"砍头息"，没有存入自己的账户，而是存入了其他同伙的账户，那还查得出来吗？

其实在法院工作中，经常会看到各种因为急需用钱，而饱受高利贷、"套路贷"之苦的当事人。我们办案时，一边哀其不幸，一边也怒其不争：明知这是个坑，你们为啥还一定要跳下去呢？

如果不慎已经接受了"套路贷"等非法放贷，一定要尽早报警，寻求法律保护，才能真正从中脱身，切实维护自身合法权益。

## 迷局：到底是"分手费"还是借款？

原告小丽和被告大强曾经是恋人关系。

两人都来自西部小县城，都是苏城一家电子厂的工人。两人恋爱的时间也不长，半年不到就分了，但是大强给小丽出具过一张借条，上面明明白白地写着"大强向小丽借款贰万元，此据"。

小丽就拿着这张借条，把大强起诉到法院，要求他立刻归还 2 万元借款。

大强倒也承认了借条的真实性，但是一个劲地叫屈："这可不是借款，这是分手费啊！这是当初分手的时候，小丽说她跟了我半年，有青春损失费，逼着我写的借条，我一个大老爷们怎么可能向她借钱呢？"

我倒是来了好奇心："你一个大男人，怎么就被小姑娘逼着写借条了？"

"这不就是她在那儿一哭二闹三上吊嘛，当时分手感觉有点对不起她，所以就答应她写了这个借条。"

"你放屁！分手是因为你看上了隔壁车间的小芳，是你对不起我。这2万块是我真金白银借给你的！你现在还想抵赖，你还是不是男人？"

场面一度陷入了尴尬，大强并没有为自己移情别恋的事实争辩，看来这应该是真的，但这和案件无关。我让小丽陈述一下借款的过程。

小丽倒是能把借款过程说得有鼻子有眼的，她说这些借款并非一次性的，而是在恋爱过程中，大强因为各种原因多次向她借的，比如要请朋友吃饭，比如他朋友有困难需要接济，有时三五百，有时三五千，而自己身边一直都喜欢放现金，所以每次都是现金交付给大强的。

我有点疑虑：这年头电子支付这么方便，居然还有人喜欢用现金？

话音刚落，小丽就从包里拿出钱包，数出了3000元现金："法官，你看，我每次发工资都喜欢取现金出来，这是我的习惯，而且你看看我的银行流水，每个月都有取现记录。"

这个操作有点让我目瞪口呆，大强也有点无言以对，但他依然坚称这是分手费，绝对不是借款。

这个案件确实令人头疼，金额只有2万元，若是多次现金交付积攒而来，也确实说得过去，毕竟金额不大，又不是十几万元的借款，而且小丽的银行流水也确实证明她有取现的习惯。

但两个人半年之内发生借款 2 万元，平均下来一个月要出借三四千，而他们作为电子厂工人，算上加班费，一个月到手也不过 5000 元，这个借款金额未免和他们的收入不太相符，再结合他们俩之前的情侣关系，大强抗辩的分手费倒也确实有可能。

两难的境地之下，我也试图做了调解工作，让双方共同确认一个协商解决的金额，但小丽这边寸步不让，大强也一直叫屈说是冤枉，眼看最终协商不成，我只能依法下判。

最终，我依照优势证据规则，在小丽持有借条且并无其他明显不合理因素的情况下，认定双方之间确实存在 2 万元借款，从而判决大强立即向小丽归还 2 万元。

大强后来提起了上诉，二审判决很快也下来了：驳回上诉，维持原判。

其实回到案件，真相到底是大强所说的分手费，还是小丽所说的借款，在理论上都存在可能性。虽然真相只有一个，但双方发生争议而且各执一词时，法院的判决也只能结合证据来认定事实。最终的二审判决也印证了这一点。

如果大强真的没有借钱，却签署了这个借条，那么这也是他作为一个成年人，要为自己法律意识淡薄付出的代价。

---

**案件启示录**

1. 曾经有朋友问我：法官会不会遇到查不清真相的案件？

答案是：当然会，这个案件就是如此。

根据现有的证据，我们既无法完全排除分手费的可能，也不能排除借款的可能，那么如何处理呢？最终我们只能采用"优势证据规则"来进行判决。

优势证据规则：对双方所举证据的证明力进行判断时所确立的规则，即当证明某一事实存在或不存在的证据比反对的证据更具有说服力，或者比反对的证据可靠性更高，那么法官将采用具有优势的一方当事人所列举的证据认定案件事实。

在本案中，小丽持有借条，虽然借款没有转账凭证，但对于现金交付的说辞，她有相应的取款记录能证明她现金的来源，这一系列证据构成了闭环。比起大强口说无凭的分手费，小丽的证据明显更符合优势证据的特征。

当然，优势证据规则一般只适用于民商事领域。在刑事案件的办理中，一般都适用"疑罪从无"的原则，毕竟错判的金钱还能返还，错杀的人可是不能复生的，所以刑事领域中的定罪必须要排除一切错漏的可能。

2. 可能也有朋友要问了：万一大强是冤枉的怎么办？

这就是一个法律意识的问题了，如果借款事实并不存在，那么一定不能随意签署任何借条或其他字据材料，因为一旦今后没有其他相反证据来证明这个借条内容为虚假的，那么这个借条将很有可能成为优势证据，而促成一份对你极其不利的判决书。

通过反向举例相信各位能更好地理解：如果你真的借给了朋友2000元现金，却没有让朋友写借条，也没有任何证据能证明这笔借款的存在，最终你的朋友不承认借款，那在这种情况下，你即使起诉他，最终也可能败诉。虽然你愤愤然认为自己蒙受了冤屈，但这是否也可以说是法律意识淡薄的恶果呢？

3. 或许还有朋友想问：如果真是分手费，能够得到法律支持吗？

答案很明确：不会。如果本案中有充足证据证明这个借条背后确实是分手费，那一定不会被支持。因为民间借贷案件必须是真实的借贷关系，以分手费为名的所有欠条和借条都无法得到法律的支持。

# 伪造借条签名？只有证据能破迷局

原告老王和被告老贾认识很多年了，老王是单位里的司机，老贾是单位里的会计。

老王这次拿着一张5万块的借条来起诉老贾，上面写着"今向王××借现金5万元，月息1分，此据"。借条下方借款人处也清楚地写着"贾××"。

作为辅助证据，老王还提供了借条落款当天的取款记录，并表示当时老贾急需现金，所以自己特意去取了现金，然后交给老贾，双方谈好月息1分（月利率1%），然后老王亲自书写了借条主文，再由老贾签字确认。

庭前我看完诉状，感觉这案子挺简单的，有借条、有取款记录，铁证如山啊。基本上就看能不能让双方协商确定一个还款日期，如果实在协商不成，那我就直接判决。

结果现实给我上了一课，老贾当庭表示："这个借条里的签名不是我写的，我根本没有向老王借过钱。"

老王听完这话暴跳如雷，若不是顾及法庭秩序，说不定早就和老贾打起来了。那一边的老贾也在那儿赌咒发誓，说绝对不是自己写的借条，自己也从来没有向老王借过钱。

真相只有一个，总归有一个人在说谎。要么，是老王伪造了借条签字诬陷老贾；要么，是老贾故意做虚假陈述。无论是哪一种情况，那都是严重妨碍诉讼的违法行为，都会遭到重罚。

我先让老王和老贾都签署了《诚信诉讼承诺书》，让他们承诺自己都是如实陈述，如做虚假陈述，则将处以 10 万元以内的罚款，乃至司法拘留的处罚。

我以为总归会有一个人心虚而不敢签承诺书，结果两位都拍着胸脯签了字，都言之凿凿地表示自己肯定没有说谎。

看来没有退路可言，只能一查到底。

我仔细看了看《诚信诉讼承诺书》上老贾当场签的名，发现它和借条上的"老贾"签名确实有很大区别，明显就是两种不同的笔迹。为了谨慎起见，我让老贾当庭以站姿、坐姿、快写、慢写的不同方式又写了几遍，结果发现这些签名笔迹确实都一致，而且和借条上"老贾"的签名笔迹完全不一样。

这时的老王有点蒙，但也开始赌咒发誓，说这张借条就是老贾写的。我打断了老王的絮絮叨叨，问他还有没有微信聊天记录之类的证据能够显示双方曾经聊过这笔借款。

老王耷拉着脸说："我们一把年纪的人了，怎么会天天微信聊天，有什么事情基本都是打电话啊，我之前催他还钱也都是口头的，从来不微信聊天或者发短信。"

眼看着老王一筹莫展，这边的老贾倒是来劲了，开始骂骂咧咧地指责老王伪造借条。这时老王像是明白了什么似的突然喊道："老贾肯定会写两种签名笔迹！"

这确实是一种可能，但需要证据。

我前去老贾的单位，调取了多年以来老贾作为会计签字确认的各种账本，但我逐一翻阅之后发现：所有的笔迹都和老贾当庭书写的一致。

案件调查至此，我开始怀疑老王是否真的伪造了借条，但老王情绪非常激动，仿佛受了天大的委屈。案件就此陷入僵局，被我搁置在了一边。

过了一个月，老王突然打电话给我，说："艾法官，我突然想到一件事，老贾前两年买了套房子，说不定他在买房的时候写的就是借条上的笔迹。请您再去查查他的购房备案合同，如果笔迹依然和借条不一样，那我就认栽。"

虽然我当时也不太抱希望，但老王话都说到这份儿上了，我就去房屋交易中心调取了老贾买房的备案合同。

这一查还真有发现，这份购房备案合同上老贾的签名，和借条上"老贾"的签名基本一致。拿着这份备案合同，我安排了第二次开庭。看到合同上的签名，老贾面若死灰，可能他自己都忘了曾经在买房时使用过这种笔迹。

我黑着脸问老贾："还需要鉴定一下吗？"

老贾摇了摇头，承认了自己确实会使用两种笔迹的事实，然后说自己是一时糊涂才否认借款，愿意立刻归还老王的借款。

但为时已晚，既然已经到了虚假陈述的地步，那就不是一句"一时糊涂"能搪塞过去的了。

鉴于老贾的虚假陈述一旦成功就可能逃脱5万元的还款义务，并考虑到老贾的主观恶意程度，经研究决定，我们最终对老贾处以了罚款5万元的司法处罚。

为了赖掉5万元借款而做虚假陈述，最终反而又被罚了5万元，偷鸡不成反蚀把米，还真不知老贾最终是何感想。

**案件启示录**

1.在民间借贷中，借款人签字是最常见的落款方式，很少有人会对签字提出异议。但如果有借款人坚持表示签字是假的，那就需要进行笔迹鉴定了。

笔迹鉴定是以借条中的借款人签字为样本，然后和借款人的其他签字样本进行比对，根据笔迹中的各种细节，来确定是否出自同一人之手。笔迹鉴定作为一项专业鉴定，是民事审判工作中一项非常重要的调查手段。

2.同时有两种签字笔迹的人确实很少见，本案中如果不是老贾当初在买房时刚好使用过这第二种笔迹，很可能本案就被他逃过去了。

所以还是继续和大家强调一下"转账交付""聊天记录"的重要性：只要有转账记录、聊天记录等辅助证据来证实借款存在，那也不用担心借款人在借条中采用不同笔迹来混淆视听。

3. 老贾这种行为确实非常恶劣，而且如果他的虚假陈述能蒙混过关，那他就真能逃脱 5 万元的还款义务，所以我们必须要对老贾进行司法处罚。

而按照《中华人民共和国民事诉讼法》（以下简称《民事诉讼法》）第一百一十四条的规定，在庭审中虚假陈述或伪造证据者，可以视情节轻重对其予以罚款、拘留；构成犯罪的，依法追究其刑事责任。

所以也告诫各位千万不要怀有侥幸心理，不要企图用虚假陈述蒙混过关，一旦被查实，你将面临的不仅是罚款，还可能是拘留，甚至有可能是刑事处罚。

## ⚖ 未约定期限的借款担保，半年过期不候

翠花在法庭上一个劲儿地数落自己的丈夫强子，一边数落一边抹眼泪，看得我们的陪审员阿姨都有些不忍心，给她递了好几包纸巾。

其实翠花并不是被告，今天这个民间借贷案件的被告有两个：一个是真正的借款人老刘，但是人不知道躲到哪里去了，另一个就

是给老刘做担保人的强子。

从翠花絮絮叨叨的口中，我大概清楚了强子的情况：强子是个退伍军人，复员回到苏城开了家餐馆，收入也算不错。但是强子讲义气，朋友也多，有的是真朋友，有的就只是喜欢来他的餐馆蹭饭。强子倒是来者不拒，喝高了就在一起称兄道弟。

这些酒肉朋友有时也找强子借钱，所幸强子的钱都是翠花管着，这些朋友一看借钱不成，于是就拉着强子说：都是兄弟，那你帮我做个担保人吧。强子也不懂那么多，觉得反正钱不是自己借的，做个担保人应该也没啥事。

结果就摊上事儿了。

强子作为担保人的好几笔借款，真正的借款人都跑没影儿了，债主就拿着借条跑到强子的餐馆来要债，把翠花给气得不行，但也没办法。

前面几笔都是三两万的，金额也不大，翠花咬咬牙也就拿钱出来还上了。但最后这笔老王的借款，金额有20万元，强子和翠花实在拿不出来，于是强子就被起诉了。

老王提交了借条、银行流水等证据，我看了看借条，强子确实在借条下方的"担保人"处签了字，并且还注明了是连带责任保证，款项也确实转账交付给了借款人老刘，看来这个案件是铁定要强子承担责任了。

"法官，难道不能先判老刘还钱，如果老刘还不上，再判我们还钱吗？"翠花有些心急，试探性地问了问我。

"按照《民法典》的规定，连带责任保证的债务人不履行到期债务时，债权人可以请求债务人履行债务，也可以请求保证人在其保证范围内承担保证责任。现在借款到期后老刘确实没有还钱，老王当然可以直接要求强子承担还钱的担保责任。"我耐着性子给翠花和强子普法。

强子和翠花都不说话了。

我看了看哭红了眼睛的翠花，安慰他们道："你们也别着急，就算你们承担了担保责任，之后也还是可以向老刘追偿的。"

翠花带着哭腔回我："老刘人都不知道躲到哪里去了，这20万元我们帮他还了之后，肯定是要不回来了。以前老王也找过老刘，一直找不到，这都过去大半年了，我以为没我们什么事儿了，没想到老王却来找我们要钱了。"

过去大半年了？

我赶紧问老王："根据借条约定的还款期限，好像一年前借款就到期了，借款到期之后，你有没有立刻找强子要钱？"

老王倒也实在，说："虽然强子做了担保人，但当时老刘写借条时，他只是刚好在旁边，就被老刘拉过来签了个担保。我其实和老刘更熟悉，所以借款到期之后我肯定是先去找老刘要钱，结果找了大半年，老刘一直躲着，实在找不到，所以我后来才去找强子要钱。"

案情到这儿，峰回路转。

《民法典》明确规定：没有约定担保期限的连带责任保证，保证期间为6个月，从借款到期之日起算。老王在借款到期之后6个月之内都没有找强子要求他承担担保责任，所以强子就无须再承担担保责任了。

我最终判决老刘向老王还款 20 万元，驳回了老王要求强子承担担保责任的诉请。翠花终于松了口气，强子则挠了挠头，表示回去后要多学点法律知识。

**案件启示录**

1.担保人虽然没有实际使用借款，但只要在借款协议的担保人处签字确认，就必须要承担相应的担保责任，因此在给他人做担保之前，一定要三思。

很多人单纯为了"兄弟义气"，甚至只是抹不开面子，在并不了解"担保人"的风险的情况下，就贸然帮别人的借款做担保，这是风险极高的，因为只要借款人没还钱，债主就能找你要钱。这钱你没用到一分，但是债却一分不少全要你扛，多憋屈呀！

2.《民法典》第六百九十二条规定：债权人与保证人可以约定保证期间，没有约定或者约定不明确的，保证期间为主债务履行期限届满之日起六个月，该期间不可中断，也不可延长。

《民法典》第六百九十三条规定：连带责任保证的债权人未在保证期间请求保证人承担保证责任的，保证人不再承担保证责任。

这两则条款，就是解救了翠花和强子的"保证期间条款"，意思就是：如果担保的时候没有约定保证期间，而且债权人在借款到期之日起六个月内不找担保人讨债的话，今后就再也不能找担保人讨债了。

所以，如果各位朋友是债权人的话，那一定记得及时向相应的担保人主张保证责任，否则只能眼睁睁看着保证期满后自己的权利灭失了。

3.《民法典》第七百条规定：保证人承担保证责任后，除当事人另有约定外，有权在其承担保证责任的范围内向债务人追偿。

这一条也是维护担保人权益的，如果有人像强子和翠花那样，真的为他人承担了担保责任，那也要记得及时向债务人追偿。

# ⚖ 同名同姓人不少，告错人了须赔钱

原告老王又来起诉了，这次的被告叫"张伟"。

老王说，张伟是扬州人，去年找自己借了5万块钱，也写了借条，但是借款到期后张伟就不见了，电话也停机了，去他住的地方找人，租住的房子也退租了，听说人已经跑回老家去了，所以自己只能来起诉。

老王来法院立案时，提供了"张伟"的户籍地址，确实是在扬州的某个村落。我的书记员小曹按这个地址给被告"张伟"寄送了传票，但没几天就被退信了，上面写着"原址已拆迁"。这也挺正常，很多人老家被拆迁之后，也没有去变更登记户籍信息，而且老王提供的"张伟"的手机号早就停机了。

邮寄地址已被拆迁、收件人手机停机，邮递员就算有天大的本事也不可能成功投递，所以这张邮寄的传票只能被退回。

找不到被告怎么办？那就只能登报公告送达，按照《民事诉讼法》的规定，在报纸上刊登公告 30 天之后就视为成功送达。虽然我也认为这年头应该很少有人会真的去看报纸上刊登的法院公告，但这毕竟是法律规定，我们只能执行。

其实如果被告的户籍在苏城的话，在登报之前，我们还是会派人上门去找找看的，但这个案件的被告"张伟"户籍地在几百公里以外的扬州，对于一个 5 万元金额的民事案件，派人去外地找人也不太现实，只能直接登报公告。

按照法律规定，公告期满就视为成功送达，这意味着在法律上我们已经向被告"张伟"送达了传票，那么就可以正常开庭了。当然，因为大多数人都不会去看报纸上的法院公告，所以开庭时，通过登报送达传票的被告基本都不可能会来，这个案件里的"张伟"也不例外。

不来也没事，缺席审理即可。当天的开庭很顺利，老王手持"张伟"落款的借条，也有 5 万元的转账凭证，所以我当庭就判决"张伟"应归还老王 5 万元。

这个案件若不是有后续的波澜，可能就作为一件极其普通的案件，慢慢地被我遗忘，但接下来的事情让我哭笑不得。

判决之后，案件按部就班地进入了执行程序，执行局的同事查到"张伟"在扬州有一套房子，于是就进行了相应的查封。结果没过几天，这位"张伟"就出现在了我们法院，出现在我的面前。

"你们苏城法院为什么查封我的房子？"我面前的"张伟"很

明显怒气冲冲。

我向"张伟"展示了判决书，以及老王当时提供的借条、银行流水，还好言相劝道："你就欠个5万块钱，早点还了就行啦，房子也就能解封了。"

面前的"张伟"暴怒道："我根本就不认识这个老王！"

我听完这话有点蒙，于是立刻把老王叫了过来，老王来了之后也有点蒙："法官，这人是谁啊？"

我有点被气得说不出话来："你问我这是谁？你看看他的身份证号码、户籍地，他不就是你起诉状上写的那个'张伟'吗？"

事情很快就搞清楚了：老王来起诉时，委托了一个律师去帮他调取"张伟"的人口信息表，但是扬州叫"张伟"的人太多了，老王只记得大概是40多岁。后来律师确实帮老王调取到了一个40多岁、扬州户籍的"张伟"的人口信息表，上面还有登记照，长得和真正欠钱的"张伟"还挺像。老王也没再仔细核查，就把这个无辜的"张伟"错当成真的张伟给起诉了。

偏偏这位无辜的"张伟"户籍地所在的村子刚好拆迁了，他也没有及时向公安机关登记自己新的居住地。于是，老王的粗心，加上一系列的巧合，把这个错误的起诉，一步步地推向了最终的判决。

自知理亏的老王向无辜的"张伟"赔礼道歉，并且支付了5000元作为补偿，事情就这么过去了。幸好这次的查封没有给这位"张伟"带来实际的损害，否则这次的乌龙还真没这么容易收场。

我之前做出的那份判决书自然也经过再审程序予以撤销，老王必须重新起诉一遍真正欠钱的"张伟"。他这前前后后忙活了一年多，又回到了原点，还赔出去 5000 元，不知道这次的教训，能不能让他以后细心一点。

## 案件启示录

1.《民事诉讼法》第一百二十二条规定：起诉必须有明确的被告。

这很好理解，你来法院打官司，得告诉法院你起诉的是谁，是张三还是李四。所以你在立案时必须向法院提供被告的身份资料，比如身份证复印件、人口信息表，用来确定被告的具体身份。

在这个阶段，你必须为自己提交的材料的真实性负责，如果你提供了错误的被告身份资料，也就是告错了人，导致他人蒙受损失，那肯定应该承担赔偿责任。

2. 法院在立案受理后，就会向被告的户籍地，或者你提供的被告的其他居住地址寄送传票、诉状副本、证据副本等材料，通知被告来应诉，正常情况下都能寄送到。

但如果因为各种原因（比如被告手机停机、户籍地被拆迁）联系不上被告，那么法院将会以登报公告的方式向被告送达传票。这主要是为了防止被告恶意躲避诉讼，保障诉讼得以顺利进行。本案中采用的也正是登报公告的方式。

3. 本案中，老王起诉时弄错了"张伟"的身份，同时又碰巧遇到电话停机、居住地变更未登记等小概率事件，才会出现最终封错房子的乌龙。当然，这种巧合在现实中极少出现，因此大家也不必过分担忧。但万一真的遇到了类似情况，大家也可以立即向法院申请再审，撤销这份判决书即可。

## 开庭不带证据原件，要么白跑一趟，要么败诉

有一段时间我们法院集中审理小额诉讼案件，因为这类案件金额很小，案情也会相对简单一些，于是书记员一个下午给我安排了3个小额案件的开庭。

但是，正因为这类案件金额很小，所以原告一般都不会请律师，诉状都是我们诉讼服务中心的同志教他们写的，所以诉讼中容易出各种状况。

第一个案件，原告张三是个装修队工头，被告是他手下的工人，找他借了1万元，给他写了个欠条。传票被告倒是收到了，只是人不愿意来，这也没事，缺席判决就行。

开庭很快进入举证质证环节，张三立案时提供的是欠条复印件，正式开庭时要提供欠条原件给法院核对，而且要将欠条原件留存法院，装入卷宗，这是为了避免当事人今后拿着原件重复起诉。

这时张三一脸蒙："法官，我来立案的时候不是展示借条原件给立案庭法官了吗？"

我只能给他普及了一下诉讼常识："开庭肯定是要带原件的，而且原件还要留给法院，不然下次你拿着原件又来打一次官司怎么办？"

张三拍着大腿说："法官我肯定不可能再来打官司的，你就把庭开了吧。"

我黑着脸敲法槌休庭，然后正色对他说："你确定开庭时不提供欠条原件的话，今天开庭可以，但是估计你要拿着败诉的判决书回家了。当然，如果你希望下次再拿原件过来的话，那今天的开庭就取消了。"

张三吃了个瘪，说："法官，我家就住这附近，十分钟就能回家拿来原件，你能不能等等我？"

我点了点头，同时喊了句："下一个。"

第二个案件，原告李四借给同学 5000 元，但是连个欠条都没有，被告收了传票，但拒不到庭。

我问李四："你有什么证据证明你同学欠你钱？"

李四："哦，我有微信聊天记录，法官你可以拿我的手机看！我还是微信转账给他的呢！"

我看了看他的手机聊天记录，确实如此。但看着两手空空的李四，不禁问他："你这些聊天记录都打印出来了吗？"

"没有啊，法官，我不是都给你看了吗？"

我叹了口气："李四啊，法院审理案件，是需要证据材料留档的，这样就算是 10 年以后别人翻阅你这个案子的卷宗，也能知道当时发生了什么。你不打印聊天记录，难道把手机当证据扔进卷宗吗？"

李四出去找打印机了，第三个案件的原告王二进了法庭的门，还没等我说话，王二直接说："法官，刚刚他们两个的事情我都听到了，我的借条也没带，我现在马上回去拿，您稍微等我一下。"

我叫住了他，看了看他的诉状，说："你这笔借款是转账交付的？"

王二突然醒悟："法官，是不是也要把银行流水打出来？"

我无奈地点了点头："在法庭旁听了前面两个案件，你都会举一反三了，快去吧。"

**案件启示录**

1. 小额诉讼，是指基层人民法院和它派出的法庭审理的事实清楚、权利义务关系明确、争议不大，标的额为各省、自治区、直辖市上年度就业人员年平均工资 30% 以下，符合适用简易程序条件的简单民事案件。

更重要的是，小额诉讼实行一审终审，不可以上诉。

2. 小额诉讼就是为了对一些简单的案件进行快审快结，同时一审终审更是节省了原告的诉讼时间成本。

既然如此，作为原告，更应该做好开庭前的准备，记得携带所有证据原件，如果有电子证据，必须打印成纸质版本；如有音频、视频等证据，应刻录成光盘。总之，所有证据，都必须通过有效的载体提供给法院，便于核对后装卷入库。

很多朋友都问过我：打官司是否要请律师？其实很多简单的、金额较小的案件确实是不需要请律师的。但是再小的案件，各位朋友也应该予以重视，开庭的时候可别忘了携带证据原件，不然庭开不成，浪费的可是你自己的时间。

第二章

# 日常生活，离不开买和卖

# 遭遇消费欺诈，30万元的车要回100万元

"如果不是我偶然发现了这本陌生的驾照，我都不知道这车居然是辆展车，这是明显的欺诈，我要求退一赔三！"

小婧在庭审中这么气愤，也确实事出有因。2019年8月，小婧花了32万元买了辆宝马3系，开了两个月后，居然在驾驶座的夹缝里，发现了一本陌生男人的驾照，吓得小婧立刻报警。

驾照上的名字叫大正，警方查到了大正的手机号，大正在电话那头说："我2019年五一假期的时候去宝马4S店看车，当时坐进了一辆宝马3系的展车里，估计那个时候驾照滑进座椅夹缝里了吧，我后来找不到驾照，已经补办了一本。"

听完这话，小婧怒气冲冲地把4S店起诉到法院，认为4S店在售车时故意隐瞒了这辆宝马做过展车的事实，构成欺诈，因此要求退一赔三，也就是退款32万元，并且赔偿96万元。

"这辆车到底有没有做过展车？"庭审中，我需要先确认这个事实。

"在2019年五一期间确实做过展车。"4S店回答得倒也干脆。

"那你们为什么没有明确地告知小婧呢？"

"因为展车毕竟不是试驾车，只是停在店里供人观看和感受，

又不需要开出去驾驶，而且这辆车我们只展了 5 天，然后就换了另一辆做展车了。8 月份的销售同事并不知道这辆车之前做过展车，所以也不存在故意隐瞒的情况。"

"为什么 5 天就换别的车了？"我有点好奇。

"这个……时间久了我也记不清了，可能是因为要换个不同颜色的展车吧。"面对我的这个问题，4S 店的法务回答得有点磕磕巴巴。

第一次庭审之后，我有点纠结，因为如果只做了 5 天的静态展车，又不是试驾车，那么确实很难构成重大瑕疵。如果 5 月份做完展车之后入库，8 月份再卖给小婧，当时的销售也可能确实不知道这车在 5 月做过展车，那就很难构成欺诈。

但如果 4S 店说谎了呢？如果这车从 5 月到 8 月一直都在做展车呢？为了尽量查明所有事实，我还是想亲自问问那个丢了驾照的大正，说不定他五一之后又去看车了呢？

结果，我发现这车确实只做了 5 天展车，但背后却隐藏着更让我惊讶的真相：它居然已经卖过一次了。

原来，这位大正在 2019 年五一假期看车之后，一眼就看中了这辆宝马 3 系，而且同款没有现货了，只有展车这一台，于是他当场付了车款，4S 店也开具了发票，并且约好在五一假期结束之后办理后续交车事宜。

2019 年 5 月 5 日，大正购买了车辆保险，也办理了临时牌照，就先把车子开回家了。结果过了两天，大正的妻子说不喜欢这辆宝马 3 系，要求大正换成更高档的宝马 5 系。

于是大正又把车子开回了 4S 店，希望把这辆 3 系退掉，加钱换购宝马 5 系，销售居然也同意了。之后，这辆车又被当作新车卖给了本案的原告小婧。

我去保险公司调取了这辆宝马 3 系的保险记录，果然，2019 年 5 月 5 日购买了保险，5 月 8 日退保。我又去了一趟车管部门，查到这辆车确实在 2019 年 5 月办理过临牌。

当这些证据摆在 4S 店那位法务的眼前时，他已经没有什么话好说了，毕竟，这辆涉案的车辆客观上已经属于"二手车"，而且被最初的买家领取了临牌，开着上了路。4S 店把一辆"二手车"当作新车卖给消费者，而且还隐瞒了这些事实，确实已经构成欺诈了。

最终我判决支持了小婧"退一赔三"的诉讼请求，不久后，她也顺利地拿到了近百万的赔偿款。

结案之后装卷宗，书记员小曹举着大正的那本驾照对我说："艾法官，这应该是我见过最贵的驾照了，如果没有这本驾照，这个小婧可能根本不会发现这车有问题吧？"

"那也不一定，毕竟，若要人不知，除非己莫为啊。"

### 案件启示录

《中华人民共和国消费者权益保护法》（以下简称《消费者权益保护法》）第五十五条规定：经营者提供商品有欺诈行为的，应当按照消费者的要求增加赔偿其受到的损失，增加赔偿的金额为消费者购买商品的价款的三倍。

认定欺诈应考虑两方面因素：一是隐瞒的事实是否影响消费者的购买决定，二是经营者是否存在隐瞒的主观故意。如果消费者在购买商品时被欺诈，则可以提起退一赔三的诉求。

当然，退一赔三是一项较重的惩罚，因此并非经营者的所有不当行为无论轻重都应该认定为欺诈。对于不足以构成欺诈但又损害了消费者知情权的行为，法院也可以综合考量具体情况后，酌情认定相应赔偿。

在本案中，之所以法院会倾向于支持"退一赔三"，是因为一辆已经销售过一次、办理过临牌，也被上一任买家开上了路的汽车，完全符合"二手车"的定义，是绝对不能再当作新车来销售的。如果上一任买家开了一天的车子退回来还能当新车卖，那开了一个月的呢？调过公里数的呢？事故车翻新的呢？潘多拉的魔盒一旦打开，后果不堪设想。所以即使三倍赔偿的金额已经将近百万元，也应该坚决地对这种欺诈消费者的商家进行判赔，才能起到警示、震慑的效果。

话说，看到小婧拿了将近百万元的赔偿款，可能有些朋友会心生羡慕，希望自己也能遇到这样的"好事儿"。但其实随着法治建设的不断完善，小婧这种"好事儿"也越来越少见了，工作这么多年，我也只见过这么一家敢把二次销售的汽车当新车卖的4S店。

另外，我也实在没想明白这家4S店是为何敢把一辆上过临牌、买过保险的汽车再当新车销售，就算大正那本驾照没有落在车里，小婧在续保的时候也很容易发现这辆车买过两次保险，从而发现事情的真相。

只能说，不敬畏法律的商家，终归会付出相应的代价。


## ⚖ 二手车买卖：所见即所得

"我明明买的是奥迪 A6 中配版，但是他们公司卖给我的居然是低配版，这就是欺诈！他们肯定要退一赔三，赔偿我 105 万元！"

虽然原告小朱看上去很自信，但我看着他举证的《二手车买卖合同》，内心还是犯起了嘀咕：你买一个二手车，还分低配、中配？

经过几轮举证质证，我算是明白了事情的经过。

一年前，小朱想买一辆奥迪 A6，去 4S 店看过好几次，很喜欢 A6 中配。但是新车指导价要 45 万，优惠也很少，预算略有不足的小朱迟迟没有下决心。后来有一天他路过一家二手车门店，看到里面居然也有一台全新未上牌的奥迪 A6。

销售介绍了这辆车，表示这是直接从厂家买来的特价车，配置和 4S 店的中配略有不同，但大体差不多，而且从来没有上过牌，重点是，价格只需要 35 万元。店里其他的车都是上过牌的真正二手车，而这辆 A6 全店只有这一台，算是新车的品质、二手车的价格。

这可是足足便宜了 10 万元，小朱第二天又拉着几个朋友一起来看车，看完都觉得不错，于是小朱就和这家二手车门店签署了《二手车买卖合同》，支付了 35 万元车款，办理完过户，就把车开走了。

"法官，我也不知道他为啥起诉我们公司，车子他算捡了个便宜，这一年他也开得挺好的，怎么一年后突然就来起诉我们了？"二手车门店来出庭的法务是个年轻的姑娘，一脸委屈地发表着意见。

其实我也挺想知道小朱为啥在买车一年后还来起诉，于是我问他："这车质量有什么问题吗？"

"没啥问题。"

"这车的三大件（发动机、变速箱、底盘）和正常的 A6 中配有什么区别吗？"

"没有区别，我之前去过 4S 店，知道 A6 中配三大件的型号。"

"那你说他们公司欺诈你，把低配车当作中配车卖给你，依据是什么？"听完小朱的回答，我也有点蒙。

"这个车的大灯和轮毂有区别，中配的大灯是更漂亮的 LED 大灯，这个车只是氙气大灯；中配的轮毂是大轮毂，这个车的轮毂小一点。所以他们公司卖给我的就是低配的车。"小朱自信满满地说。

"就……只有这两点区别？"我有些难以置信，毕竟大灯和轮毂并非汽车的核心部件，而且都在非常显眼的位置，小朱既然连 A6 中配三大件的型号都知道，那对于轮毂和大灯自然也是了解的。

"是的，就是轮毂和大灯的区别。"小朱依然自信地回答。

"法官，我们早就和他说过，这个车配置和正常的 A6 中配略有不同，虽然轮毂和大灯是低配版的，但是车内也有很多连中配版都没有的高级配置，比如桃木内饰、记忆座椅。更重要的是，二手车本来就是一车一价，也正是因为和正常的 A6 中配有一点区别，所以才会便宜 10 万元。"那位法务姑娘抢着解释了一下轮毂和大灯的问题。

法务姑娘又当庭举证了一份买卖合同，我一看，这车确实是被告二手车公司以 33 万元的价格从一汽奥迪厂家处购得的。

案件审理到这份儿上，结果已经很明显了，最终我判决驳回了小朱的诉讼请求。但自信的小朱并没有放弃，马上提起了上诉，二审结果很快也出来了：驳回上诉，维持原判。

判决说理其实很简单，二手车买卖有一个重要的特点——"所见即所得"。小朱明明签署的是《二手车买卖合同》，也知道自己买的车是个特殊配置，价格也比正常的中配 A6 便宜了 10 万元，却在一年后又拿轮毂和大灯说自己被欺诈了，这未免有些揣着明白装糊涂。

### 案件启示录

《民法典》第七条规定：民事主体从事民事活动，应当遵循诚信原则，秉持诚实，恪守承诺。消费领域，不仅卖家应该诚实守信，买家也应该遵循诚信原则。消费者的权益确实受法律保护，但商家的合法权益也应该受法律的保护。

同样是买车，上一篇的小婧和这一篇的小朱，就是完全不同的案情。小婧遇到的，是拿着二手车当新车卖，当属欺诈；小朱遇到的，是买二手车的时候，以二手车的价格买到了一辆全新的车，按理来说应该算是捡了个漏，但还要拿着新车的标准来起诉二手车商，说自己被欺诈了，那就是作为消费者的小朱不讲诚信了。

二手车的买卖，最重要的一个原则就是"所见即所得"：你看的时候是什么样，卖给你就是什么样。只要没有隐瞒发生过的事故，汽车质量没有问题，也能通过国家的年审，那就是一个正常的二手车交易。

## "知假买假"能得到法庭支持吗？

刘大和刘二是一对传奇兄弟，2016 年他们可谓是风光无限，我第一次接触到他们，还是因为 300 袋黑木耳。

2016 年初，刘二花了 9000 多元，从超市买了 300 袋黑木耳，然后立刻把超市起诉到法院，说是超市构成了欺诈，要求退一赔三，也就是要求退还 9000 多元款项，再赔偿 27 000 多元。

且不说卖个黑木耳怎么就构成欺诈了，我看着刘二拿到法庭里的 300 袋黑木耳，着实有些不理解，我问他："你买 300 袋黑木耳干吗？这一袋有三两，黑木耳一两就能泡发一大碗，够吃一天了，你这 300 袋黑木耳能吃好几年吧？"

"我就喜欢吃黑木耳，不行吗？"刘二"嘿嘿"一笑，搪塞了过去。

"法官，这个刘二就是个职业打假人！一袋黑木耳 150 克，正常人买个两三袋就能吃很久了，哪有人去超市买 300 袋黑木耳的。"

我在系统里一查，嘿，还真是，刘二在我们法院有 100 多件案件，清一色的"产品销售者责任纠纷"，都是找商家索取赔偿的，看来刘二还真是职业干这个的。

对于职业打假人，江苏省在 2016 年初并未出台相应规定，所以当时法院都是拿他们当正常的消费者来对待。回到黑木耳的案件，我得先确认一下食品安全有没有问题，于是问刘二："这些木耳质量有没有问题？吃后有没有身体不适？"

"质量倒是没有问题，这些黑木耳也确实挺好吃的，但是我起诉不是因为质量问题，而是因为超市欺诈我。"

"这超市卖个黑木耳，怎么就构成欺诈了呢？"我听得一头雾水。

刘二胸有成竹地回答道："这批黑木耳的外包装，全部标注有'富含蛋白质'的字样。但原卫生部颁布的《预包装食品营养标签通则》规定，出售的商品声称'富含蛋白质'时，固体食品含量要求为每 100 克中大于等于 12 克。而这批黑木耳，每 100 克里仅含蛋白质 10.9 克，低于国家规定的标准，所以它不能标注'富含蛋白质'。这种错误的标注误导我进行了购买，所以构成欺诈。"

我翻了翻刘二提及的这一冷门的规章条款，还真和他说的一样。

这时超市的法务急了："法官，他这是知假买假！他们这种人，就是天天在各大超市里转悠，看到这种漏洞就大量购买，然后起诉牟利。他们根本就不是正常的消费者，不应该适用《消费者权益保护法》对于消费者的保护规定！"

"谁说我是知假买假的？我是回家之后才发现的。"刘二的回答还是滴水不漏。

最终双方协商不成，我还是判决支持了刘二的诉请，毕竟且不论刘二是否故意，这300袋黑木耳的包装宣传，确实违反了相应规定。超市自然是不服气，提起上诉，二审最终驳回了超市的上诉，维持了原判。

这次之后，我开始频繁地遇到刘二及他哥哥刘大的案件。他们哥俩分工明确，弟弟刘二专门在各大超市寻找类似于上面黑木耳的商品，负责线下实体店；哥哥刘大则负责淘宝、京东等平台，专找网店。

与老百姓眼中传统的"打假"认知不太一样的是，他们两兄弟的很多案件，针对的并非假冒伪劣产品，更多的是那些违反了国家各项宣传规定的产品，比如前述的黑木耳。

由于《消费者权益保护法》和《食品安全法》中规定了"退一赔三"甚至"退一赔十"，买个1万元的东西，不仅能退回1万元，还能索赔10万元，这刘氏兄弟的"投资回报率"确实高得令人咋舌。

有次庭审之后我好奇地和刘二聊起他们这个职业，刘二略带骄傲地说："我们现在都已经年入百万了，虽然别的法律知识我们不如你们法官，但是打假领域的各种规定，我们肯定比你们法官更了解。"

书记员小曹在一次次见到刘氏兄弟满载而归之后，略带不平地和我说："艾法官，我感觉我们法院都是在替他们两兄弟打工，你判他们胜诉，执行局的法官帮他们把 10 倍的赔偿款从商家那里划扣过来，然后他们还不需要付我们一分钱工资，他们这钱也太好赚了吧？"

我瞟了一眼小曹："那你也去赚呗？"

小曹挠了挠头："这有点像捞偏门，我可不敢去做。"

不过当时我和小曹都没有想到，刘氏兄弟的职业打假转折点会来得如此突然。

2016 年底，刘大在某网店买了澳门生产的 400 盒榴梿酥，每盒 20 元，总价 8000 元，然后又立刻起诉要求网店退一赔十，也就是退还 8000 元，并且赔偿 8 万元。

"这次你们退一赔十的理由又是什么呀？"我怀着一颗"学习"的心，很真诚地询问刘大。

"澳门生产的榴梿酥，属于境外生产的进口食品，按照《食品安全法》的规定，进口的预包装食品应该有简体中文标签，并载明食品的原产地及境内代理商的名称、地址、联系方式，没有简体中文标签的，不允许进口。他们这个网店的 400 盒榴梿酥，全都没有简体中文标签，所以，依法应该退一赔十。"刘大一番话，就像普法似的，说得头头是道。

"法官，我们的榴梿酥虽然没有简体中文标签，但这毕竟是澳门生产的，上面都用繁体中文标注了所有的生产信息，咱们都是中国人，都能看懂的呀。"网店的老板一脸委屈地回应。

"有繁体中文也不行呀，港澳台生产的食品都属于进口食品，你懂不懂法呀？进口食品都是要贴简体中文标签的，你啥也不贴就直接卖过来，肯定违法啦。"刘大胸有成竹地解释着。

庭审在刘大一番说教式的陈述中结束了，刘大以为我会像往常一样支持他十倍赔偿金的诉请，但省法院在 2016 年 12 月出台了会议纪要，明确规定"以牟利为目的、主张惩罚性赔偿的诉请，法院不予支持"。也就是说，江苏省各级法院对于职业打假人主张的三倍赔偿、十倍赔偿都不再支持了。

于是我第一次驳回了刘氏兄弟的诉讼请求。

知悉了这一规定后的刘氏兄弟，迅速地撤回了他们在我们法院的所有案件。刘二来签撤诉笔录那天，我没有和刘二说再见，因为今后确实不会再见。

且不论不同省份对于职业打假人的规定如何，至少于我而言，我不用再为刘氏兄弟"打工"了。

## 案件启示录

1.《中华人民共和国食品安全法》（以下简称《食品安全法》）第九十二条规定：进口的食品、食品添加剂应当经出入境检验检疫机构依照进出口商品检验相关法律、行政法规的规定检验合格，并按照国家出入境检验检疫部门的要求随附合格证明材料。

所以，消费者在购买进口食品时，可以要求商家提供该批进口食品的相应入境检验检疫合格的证明材料，如果商家无法提供，则消费者有权提出索赔。

2.《食品安全法》第一百四十八条规定：生产不符合食品安全标准的食品或者经营明知是不符合食品安全标准的食品，消费者除要求赔偿损失外，还可以向生产者或者经营者要求支付价款十倍或者损失三倍的赔偿金。

这就是"退一赔十"的法律依据，也是食品消费领域所特有的惩罚性赔偿规定。消费者在食品消费时，如若发现食品不符合安全标准，则可以提起退一赔十的诉求。

《江苏省高级人民法院关于审理消费者权益保护纠纷案件若干问题的讨论纪要》"关于惩罚性赔偿的适用问题"的第二点规定：对于食品、药品消费领域，购买者明知商品存在质量问题仍然购买的，其主张惩罚性赔偿的，人民法院予以支持，但自然人、法人或其他组织以牟利为目的购买的除外。

因此，对于职业打假人"知假买假"并以此牟利的情况，江苏省各级法院将不再支持其惩罚性赔偿的诉请，这在保障消费者正当权益的前提下，一定程度上限制了"打假"的职业化。

3."职业打假人"的存在，一直都备受争议，有些人觉得他们是净化市场的英雄，也有些人觉得他们是钻空子捞钱的狗熊。

其实在进行褒贬评价之前，大家可以先了解一下目前"职业打假"的具体情况。以我所在的法院为例，大多数被"打假"的产品，都是因为少了中文标签、宣传用词不当等原因而被认定为"假货"，从而罚款十倍，几乎看不到真正的假冒伪劣产品被揪出来索赔的。

为什么呢？一是随着市场的发展，假冒伪劣产品确实比较少见了；二是要确定某个产品属于假冒伪劣，所花费的时间成本、经济成本都太高了，远不如直接向"没有中文标签""宣传用词不当"的相关产品索赔方便。

其实除了依靠网络售卖的进口食品，在实体店铺领域的日料店也常常被职业打假人"重点关注"。有一些日料店老板可能为了避税，亲自前往日本购买了一些较为昂贵的清酒带回国，然后在日料店里出售给食客。这些酒虽然在物理意义上不是假酒，但因为没有中文标签，又在国内餐厅销售，所以在法律意义上算是"假酒"。有些职业打假人得知这一情况后，就会故意前去消费，专点这种酒，然后索要 10 倍赔偿，否则就去市场监督管理局举报。

如果拿到了钱，职业打假人会就此罢手，也不再举报，然后继续寻找下一家日料店；如果拿不到钱，他们就立刻举报，然后再向法院起诉进行索赔。

客观来说，这些日料店老板有没有错呢？当然有错，是故意避税也好，真的不懂法也罢，在国内售卖进口食品却没有贴中文标签，那自然是做错了。

但是老百姓真正痛恨的"假"，更多是假冒伪劣、以假充真、以次充好。如果"职业打假人"能够花更多的时间在打击假冒伪劣产品上，而不是在如何快速赚取大量赔偿款上，那么围绕"职业打假人"的争议，或许就会少很多吧。

# "过期"的早教课与"不可抗力"

"我孩子都要上幼儿园了，你们还没复课，赶紧退钱！"

坐在原告席上的雁子身材瘦小，但说起话来却是气势如虹，可能面对涉及自己孩子利益的事时，每个母亲都是无比勇敢的吧。

雁子家条件一般，住在城乡接合部，但是作为母亲，雁子很重视孩子的教育。她家旁边开了一家早教机构，宣传可以帮助婴幼儿开发智力，提升认知能力，为孩子今后的学习打好基础。雁子的孩子当时 2 岁，这家早教机构离家又近，于是雁子就花了 2 万元买了100 节课，一周上两节，差不多一年上完，之后孩子正好读幼儿园。

结果刚上了半年，早教机构租赁的商铺被列为动迁区域，房东拿了一笔不菲的动迁补偿款之后，同意了拆迁，于是早教机构不得不准备迁址，结果这迁址都说了半年了，还是没找着新场地继续开课。眼看还剩 50 节早教课没上完，而且什么时候复课也没个准信儿，雁子就去找早教机构退钱。被拒之后，雁子只好来法院起诉了，要求解除早教课程的合同，退还剩余课时的费用。

"我也很想复课，但是这属于不可抗力呀，咱这边属于城乡接合部，原来的场地被规划动迁，合适的新场地又一直找不到，这期间的教师人工费我还得继续出，我都亏了好多钱了，雁子你也理解一下我吧。"早教机构的老板可怜巴巴地说。

"还剩 50 节课，你要不然就等他们复课之后再让孩子去上吧，之前上的课效果不是也挺好嘛。"看着机构老板言辞恳切，想着这年头做个实体行业也确实不容易，于是我也想尝试给双方做做调解工作。

"对对对，再给我两个月时间，等我租到合适的办课场所，我马上就能复课！"

听完这话，雁子也没回答，倒是先问了我一句："法官，你家孩子上过早教班吗？"

这个问题让我有些尴尬："我还没结婚呢，小孩上早教班的事儿，我确实没经历过。"

"那您确实不清楚了，小孩子上早教课，也就是0~3岁才会去做的事儿，我当初买这100节早教课，就是算好了一年之内上完，上完正好3岁，能够衔接上幼儿园。现在拖了半年多，我孩子已经3岁了，今年9月份就要上幼儿园了，所以剩下的这50节课对我来说已经没有意义了。"

"雁子，你小孩这课程如果实在上不完，也可以留着以后生了二胎再上嘛。"早教机构的老板又提出了一个看似可行的方案。

"我这已经是二胎了！"雁子愤愤地回道。

早教机构老板再也没有了言语，庭审很快就结束了。虽然迁址是因为遇到规划动迁，早教机构也确实有些委屈，但雁子的权益也应该得到维护，毕竟她购买早教课的目的，就是给自己的孩子进行早教，如今这个目的已经无法实现，那么雁子也确实有权解除合同，获得剩余课时的退款。

最终我判决支持了雁子的诉请，早教机构倒也没有上诉，也把钱退给了雁子，听说没过多久也确实找到了新址重新开课了，只是，这些个早教课对于雁子来说，已经没有什么意义了。

案件启示录

《民法典》第五百六十三条规定，有下列情形之一的，当事人可以解除合同：

（1）因不可抗力致使不能实现合同目的；

（2）在履行期限届满前，当事人一方明确表示或者以自己的行为表明不履行主要债务；

（3）当事人一方迟延履行主要债务，经催告后在合理期限内仍未履行；

（4）当事人一方迟延履行债务或者有其他违约行为致使不能实现合同目的；

（5）法律规定的其他情形。

本案中，早教课不同于其他普通教育培训，对消费者来说，存在一定的时效性，如果长时间停课，自然会导致"早教"这一合同目的无法实现，因此雁子确实有权解除合同。

## 购物时遭遇第三方伤害，商场要不要负责？

"法官你看看！我妈都摔成这样了，他们超市居然只垫了2000块钱！"

正在大声嚷嚷的女子叫翠芬，她挥舞着双手，表情略有些夸张，但真正受伤的张老太太却没有说话。我看了看病历材料，小腿骨折，住院一周，确实有些受罪。

"你这做女儿的，还挺有孝心，委托材料给我一下。"开庭之前，我要翠芬提供授权委托书，女儿作为母亲的代理人，在诉讼中倒也很常见。

"我不是女儿，我是儿媳妇。"翠芬略显骄傲地回答我，她递上了张老太太的授权委托书，以及户口本原件，我一看，还真是儿媳妇。

虽然儿媳妇作为诉讼代理人并不多见，但并不违反《民事诉讼法》，我也就直接开庭了。

被告是一家超市，张老太太在这家超市买鸡蛋时摔倒了，导致骨折住院一周，花了 2 万元的医疗费。其间超市垫付了 2000 元，后来就再也不愿意垫钱了。于是张老太太出院之后，就把超市起诉了，要求全额赔偿 2 万元医疗费。

"老太太，你是怎么摔倒的呀？"我直接问张老太太。

"记不清了，我都 70 多岁了，啥也不知道，反正一下子就摔倒了。"张老太太这回答里也没什么关键信息。

"我妈肯定是滑倒的！他们超市地上的水都没擦干净，湿湿的！"翠芬愤愤地补充道。

听到这儿，我望向被告超市老板，毕竟，如果真是因为超市地板湿滑而摔倒，超市确实应该承担较大责任。这源于"公共场所经营者的安全保障义务"这一法律条文，如果没有尽到安全保障义务，比如超市的地板湿滑导致顾客摔倒受伤，经营者则应该承担相应的侵权责任。

可能是感受到了我问责的眼神，超市老板立刻跳起来："法官，张老太太根本不是滑倒的，我们超市地板干干净净的，根本不湿滑。老太太是去抢我们的特价鸡蛋，然后在抢位置的时候，被后面的老头一把拽倒的！我这里有当时的监控视频！"

视频一放，还真是，画面中可以很清晰地看到，特价鸡蛋的货架在超市一角，周围已经围了不少老年人，张老太太从外围好不容易挤到了货架旁边，正准备往袋子里装鸡蛋，结果后面一个高个儿老头直接动手把她往后拉扯。正专心装鸡蛋的张老太太被这么一拉扯，一下就失去重心摔倒在地，然后就和高个儿老头吵了起来。

"张老太太，你当时明明在抢鸡蛋，怎么不说呢？而且这不是明明有人拉你吗，你怎么说不知道自己怎么摔倒的？"我很是恼火。

看到超市拿出的监控视频，张老太太和翠芬似乎有些尴尬，都不说话了。基层法院审理这些家长里短的纠纷，不说实话的当事人太多了，但要是真的上纲上线去处罚他们虚假陈述，好像又不至于。

虽然有些恼火，但案子还是要继续审，既然另有侵权人，我就问张老太太："监控视频里拉你的这个高个儿老头，你认识吗？你可以向他主张赔偿，毕竟他才是直接侵权人，你可以在本案中把他追加为共同被告。"

张老太太低着头不说话，翠芬倒是开腔了："认识的，他就是我们小区的，挺凶的一个老头，我们就不找他赔偿了。"

我被这话噎住了，一时间都不知道该说什么。

"你们这不就是欺软怕硬吗？"超市老板听完翠芬那话，气得不轻，直接嚷嚷了起来。

眼看着翠芬瞪着眼睛就要和超市老板吵上一架，我摆摆手制止了双方，然后对超市老板说："按照法律规定，虽然那个老头作为直接侵权人应该承担赔偿责任，但是你们超市作为经营者，在进行特价鸡蛋的销售过程中，眼看着有这么多老年人在那儿抢购鸡蛋，也应该派人进行疏导和维护秩序。现在因为任由老人抢购，发生了老头拉扯老太太致伤的事件，你们还是应该承担一定的补充责任的。"

听完这话，超市老板似乎觉得我说得挺有道理，于是爽快地表示愿意在已经垫付的 2000 元基础上，再付 2000 元，也就是共计赔偿 4000 元。这个数字相对于 2 万元的医疗费，其实已经不错了。毕竟就算超市有安全保障义务，也很难预测到会有人拉扯他人，因此在有明确的侵权人的情况下，超市的责任确实比较小。

结果还没等我询问张老太太的意见，翠芬先跳了起来说："我不同意！我妈都花了 2 万块的医疗费，超市怎么可能只赔 4000 块？就算老头有责任，那超市也有责任，我至少要超市赔 8000 块！"

张老太太在一旁，一边看着翠芬，一边赞同地点头。

这案子看来是真没法调解了。最终判决时，我酌情认定超市对于张老太太 2 万元医疗费需要承担 20% 的赔偿责任，也就是共计赔偿 4000 元。除去已经垫付的 2000 元，超市再赔付 2000 元即可，这和最初超市老板的调解方案是一致的。

书记员小曹在邮寄判决书的时候，不禁吐槽："艾法官，你说这个翠芬也真是过分，明明知道是老头拉扯的，居然还要超市赔偿8000块，她不会真的觉得超市应该承担40%的责任吧？"

我笑着回他："翠芬心里咋想的我可不知道，但有一点我能确定，这个翠芬绝对是个婆媳关系处理大师。"

**案件启示录**

1.《民事诉讼法》第六十一条规定：当事人、法定代理人可以委托一至二人作为诉讼代理人。下列人员可以被委托为诉讼代理人：

（1）律师、基层法律服务工作者；

（2）当事人的近亲属或者工作人员；

（3）当事人所在社区、单位以及有关社会团体推荐的公民。

在诉讼实务领域，对于诉讼金额较小的案件，很多当事人为了减少诉讼成本，一般不会委托律师出庭诉讼，大多都会委托配偶、父母、子女，或者兄弟姐妹作为代理人前来诉讼。这类委托，代理人持授权委托书，以及结婚证、户口本等能够证明双方关系的材料前来法院参加诉讼即可。

在本案中，翠芬作为张老太太的儿媳妇，属于"近亲属"一类，所以她作为代理人出庭是符合法律规定的。

2.《民法典》第一千一百九十八条规定：宾馆、商场、银行、车站、机场、体育场馆、娱乐场所等经营场所、公共场所的经营者、管理者或者群众性活动的组织者，未尽到安全保障义务，造成他人损害的，应当承担侵权责任。

因第三人的行为造成他人损害的，由第三人承担侵权责任；经营者、管理者或者组织者未尽到安全保障义务的，承担相应的补充责任。

有些朋友可能会觉得超市有点冤，毕竟真正弄伤张老太太的，是她身后的老头，为啥要超市也赔钱呢？其实法律这样规定的意义，主要在于督促超市等公共场所的经营者，在公众聚集时尽到相应的秩序维护义务。在本案中，超市在销售特价鸡蛋时，如果能更好地疏导和维持秩序，或许各位老年消费者之间的肢体冲突，就能更少一些，张老太太的摔伤也可能就不会发生了。这一类规定，正是法律指引价值的体现。

## 网购旅游发生伤害，如何维权？

"我在飞程网上订的五日游，现在出了事，当然应该由飞程网来赔偿。"英子一边心疼地看着尾椎骨受伤的妈妈，一边坚定地陈述着自己的诉请。

英子是个孝顺的姑娘，一个人在苏城打拼，发了年终奖之后，没有想着去买衣服买包包，而是在飞程网上订了个苏城—南京双人五日游，准备带着忙了大半辈子的妈妈一起旅游，尽尽孝心。

没想到，在南京游玩时，由于大巴司机操作不当，车辆发生了巨大的颠簸，硬生生把英子妈妈从座位上颠了下来，摔伤了尾椎骨，医疗费花了几万元且不说，摔伤导致的压缩性骨折还构成了十级伤残，杂七杂八的损失加起来有 10 多万元。

找飞程网索赔无果后，英子带着妈妈把飞程网告上了法庭。

被告席上的飞程网法务倒是一脸镇定："法官，我们飞程网只是网络服务公司，一个旅行中介平台，我们和英子母女之间并没有签订旅游合同，真正的旅游合同相对方，英子女士可以直接在飞程 App 的电子订单里查看。"

英子点开了电子订单，还真是，和英子签订旅游合同的，确实不是飞程网络服务公司，而是飞程旅行社。

"法官，他们在踢皮球！我现在应该怎么办？"英子略带无助地望向了我。

客观来说，既然是基于旅游合同的索赔，那么确实应该起诉合同相对方。飞程网作为一家网络服务公司，也不能说它在踢皮球，毕竟电子订单里确实明确载明了旅游合同的相对方是飞程旅行社。只是英子毕竟不是律师，没有诉讼经验，所以才告错了对象。

但是广大老百姓里，又有谁有那么多法律经验呢？本着"让群众少跑腿"的原则，我没有让英子撤诉然后重新起诉，而是让她直接申请追加飞程旅行社作为共同被告，这样一来，英子就不用因为告错了公司而再去立案庭折腾重新起诉了。

第二次开庭，飞程旅行社的法务一上来也是振振有词："法官，我们飞程旅行社虽然确实和英子女士签订了旅游合同，但对于旅行中所涉及的餐饮、交通、住宿等事宜，我们都是以合作的方式，与相应的餐饮公司、客运公司、酒店公司签订合同，让这些公司提供旅游的辅助服务。本案中也是这样，涉事的大巴隶属于南京奔跑客运公司，所以本案应该由南京奔跑客运公司承担责任。"

说完，飞程旅行社的法务就举证了和南京奔跑客运公司的合作合同。

"你们太过分了！我们只知道你们飞程网，谁知道你们背后还有个飞程旅行社，更不知道你们会把交通再外包给其他客运公司，出了事你们就知道踢皮球！"

英子的愤怒确实可以理解，毕竟作为一个普通消费者，先是知道旅游合同相对方居然另有其人，然后对方又推卸责任给外包公司，老百姓打一场官司，还真是不容易。

不过，飞程旅行社真的就能摆脱责任吗？

看着自信满满的飞程旅行社法务，我眯着眼睛问道："你们把交通运输外包给南京奔跑客运公司，有无提前告知消费者呢？有无获得消费者的同意呢？"

"我们合作的客运公司都是有资质的，所以无须告知啊，这次的事故也只是意外。"

"那你们是否侵害了消费者的选择权呢？你们自行选择了相应的旅游辅助服务合作商，消费者只能被动接受，而且对于合作商的资质水平、服务质量一无所知。既然如今已经发生了损害，你们如何证明你们尽到了谨慎选择合作商的义务呢？"

飞程旅行社的法务一时语塞。

接下来案件处理就挺顺利了：南京奔跑客运公司也被追加作为共同被告后，可能是不想得罪飞程旅行社这个合作伙伴，一上来就大包大揽地表示愿意赔偿。经过各方协商，最终的调解方案是：先由南京奔跑客运公司作为直接的侵权方承担赔偿责任，后由飞程旅行社承担补充赔偿责任。

也就是说，万一南京奔跑客运公司没能赔偿到位，英子她们还能找飞程旅行社兜底赔偿。

结案之后，我对正在邮寄调解书的书记员小曹说："你看，来法院工作还是很能学到东西吧？以后遇到这种事儿，知道该告谁了吧？"

"我不会遇到这种事儿的。"小曹头都没抬地回道。

"为啥啊？"

"我一直都是自助游，只有中老年人才会跟团游吧，跟团多没劲啊。"小曹抬起了头，露出了"95后"自信的微笑。

### 案件启示录

在当下的网络时代，很多朋友会在各种旅行 App 上订购旅游产品，但你不知道的是，这些旅行 App 在收到订单后，都是以线下旅行社的名义和你签订电子合同，然后再由线下旅行社提供旅游服务。

而这些线下旅行社很多时候也是"二道贩子"，他们通过合作、委托等方式与其他经营主体订立合同，由其他经营主体实际提供餐饮、住宿、交通等旅游辅助服务。

然而，大家作为普通消费者，往往事前对此毫不知情，更是无法对这些旅游辅助服务者的经营资质、经营主体、服务质量进行了解和核实，一旦发生事故受到伤害，索赔和维权的难度较大。

在此情况下，大家可以要求旅行 App 披露具体的线下旅行社，进而要求线下旅行社证明其对于旅游辅助服务者尽到了谨慎选择义务，否则可以要求线下旅行社承担一定的补充赔偿责任。

- 逃单受伤自作自受，"自助维权"合理合法
- 玩失踪，不履约，赔了夫人又折兵
- 借车变保管，丢了不用赔？
- 当你的身份被别人冒用
- 为什么"老赖"害怕财产申报令？
- 网上开庭有温度，索赔不再跑断腿

第三章

漫漫维权路，懂法
才能找到捷径

## 逃单受伤自作自受，"自助维权"合理合法

"这应该是我见过最奇葩的原告了。"小曹一边发传票，一边和我疯狂吐槽。

拿过卷宗一看，我也乐了：这脸皮确实够厚的。

王大爷去一家小饭馆吃了碗盖浇饭，吃完也不买单，就准备开溜，结果被老板大刘发现了，一把拎回了饭馆，要王大爷正常支付15元的饭钱。

王大爷眼见着被抓了个现行，就开始找借口："嘿，你这盖浇饭太难吃了，咋还有脸要我付饭钱呢？"

大刘气得脸都绿了，怒道："既然这么难吃，你还全都吃完了？赶紧付钱，不然我报警了！"

王大爷听完也不说话，也不付钱，大刘于是只能报警，然后叫来店里的一个服务员，让他看住王大爷，别让他跑了，之后就忙去了，毕竟饭馆里还有其他顾客要招呼。

结果大刘刚进后厨，这边的王大爷就趁服务员不注意，突然一下窜了出去。闻声赶来的大刘立马追了出去，结果刚一出门就看见王大爷躺在地上。

原来，王大爷毕竟一把年纪了，刚才窜出去动作幅度太大，又

是慌不择路，刚窜出门就脚底打滑，直接摔到地上，动弹不得。

看到这场面，大刘哭笑不得，正好这时民警也到了。警察帮忙报了120，并且联系了王大爷的家人去往医院陪护。

事情到了这份儿上，大刘也懒得再去追讨那15元的饭钱。然而过了一个月，当大刘都快忘了这事儿的时候，王大爷一纸诉状，把大刘起诉到了法院，要求大刘赔偿医疗费1万多元。

"法官，我都快气疯了！这个王大爷的脸皮怎么这么厚？自己吃个'霸王餐'，逃单的时候慌不择路把自己给摔了，我都还没找他要15元的饭钱，他居然还有脸找我赔医药费？"大刘坐在被告席上，愤怒地对着王大爷一顿嚷嚷。

我无奈地摇摇头，询问王大爷："你现在起诉的是个侵权案件，既然是侵权，就要看对方有没有过错，那你觉得大刘的过错在哪里呢？"

王大爷头一扬："过错很明显啊，他凭什么不让我走？另外，我跑的时候他凭什么来追我？"

听完这话，大刘蹦了起来："你吃饭不给钱，我怎么可能让你走呢？而且你摔倒又不是我追你导致的，我从后厨追出店门的时候，你已经摔倒在地上了。你自己老胳膊老腿儿的，还学人家逃单，自己摔倒了还赖我？"

说罢，大刘递上了一份光盘，是当天他们饭馆的监控录像。我仔细看了看录像，还真是，王大爷趁着服务员不注意，猛地一下就往外面窜，刚跑出饭馆的门，就自个儿摔倒了，而那个时候大刘还在后厨没追出来呢。

看完录像的我一时都不知该说点啥，我也办过 2000 多个案件了，这么无厘头的起诉我还真是第一次见。逃单的顾客跑路的时候自己摔倒了，居然还倒打一耙要找饭馆老板赔钱，真是让我开眼了。

更重要的是，就为了 15 元的饭钱，至于逃单吗？想到这儿，我心里琢磨着，这不会是什么低保户之类的吧？虽然无论贫富都不能逃单，但如果真是穷到饭钱都付不起，还是应该联系一下民政部门考虑救助事宜。

"王大爷，你平时的生活来源是啥，是付不起饭钱吗？"出于谨慎，我还是问了这个问题。

听到这个问题，王大爷一脸骄傲地说："我是国企退休工人啊，生活来源当然是退休工资啊，一个月也有 3000 多元。我怎么可能付不起这点饭钱，完全就是他们家的饭太难吃了！"

我是彻底没话说了：一个退休工资 3000 多元的老人，就为了 15 元的盖浇饭逃单，至于难吃不难吃，根本就不是合理的理由。更何况我刚才看了监控录像，王大爷的那份盖浇饭，吃得干干净净。他吃完了又说难吃不付钱，这不是找碴吗？

庭审之后，我很快签发了判决书，驳回了王大爷全部诉请。倔强的王大爷继续提起上诉，二审法院很快驳回了上诉，维持了我的判决。

后来，我和同事在食堂吃饭时聊起这个案件，我说实在不理解为啥这个王大爷吃个盖浇饭还要逃单，又不是付不起饭钱。刑庭的一位同事笑笑说："你们民事案件还算好的，刑事案件里奇怪的事儿更多，我还遇到过一个盗窃犯，是硕士毕业的外企白领，一个月也能有 1 万元的收入，但就是喜欢去大润发超市偷东西。被抓被治安处罚之后还偷，最后因为惯偷，给送过来判刑了。这世上还真是什么人都有。"

唉，只能说在司法一线，我们更容易遇到一些奇怪的人和事儿吧。

## 案件启示录

《民法典》第一千一百七十七条规定：合法权益受到侵害，情况紧迫且不能及时获得国家机关保护，不立即采取措施将使其合法权益受到难以弥补的损害的，受害人可以在保护自己合法权益的必要范围内采取扣留侵权人的财物等合理措施；但是，应当立即请求有关国家机关处理。

这就是《民法典》中所规定的"自助行为"，自己的合法权益受到侵害的时候，可以在必要范围内自助维权，比如在本案中面对吃"霸王餐"的王大爷，大刘将其留置，并且报警，这一手段完全是合理的。

至于王大爷突然逃跑出去，自行摔倒，且其间大刘也没有其他的不妥行为，自然无须承担任何赔偿责任。至于那 15 元饭钱，其实大刘也能起诉要求王大爷支付，但大刘估计也是嫌麻烦就算了。

或许很多人就是仗着大家懒得追究，才净做一些占小便宜的事儿，还真得有股"较真"的劲儿才能"治治"他们。我们常看到一些诉讼新闻，有人为了很小的金额（比如 1 元钱）去打官司，有些朋友会觉得这至于吗，但我倒觉得这样挺好。他们就是有股"较真"的劲儿，不为了钱，就为了争口气，为了不让老实人受委屈，我觉得我们应该向他们致敬。

看完这个故事，估计还有很多朋友很生气：为啥这个倒打一耙的王大爷不需要受到任何惩罚呢？对于这个问题，我也很无奈，目前的法律规定对此并没有什么对策，毕竟诉讼是每个人的权利。

倒是在我国古代，在刑事领域有一个"诬告反坐"的原则。《北魏律》："诸告事不实，以其罪罪之。"《唐律·斗讼》："诸诬告人者，各反坐。"意思就是，一旦被认定是诬告，你告别人什么罪名，就要反过来承担该罪名的刑罚。虽然这些都是刑事领域的规定，并不能直接适用于本案中这种摔倒索赔的民事领域，但在诬告反坐的刑律威慑之下，估计王大爷这样倒打一耙的人，也会少很多吧。

## 玩失踪，不履约，赔了夫人又折兵

"我做生意这么多年，还真是第一次遇到这么莫名其妙的小姑娘。"

这位在法庭上不停抱怨的中年男人老王，是个做外贸的老板，他十几年前就开始做服装外贸，主要客户都在欧美国家，经常出国谈订单，所以英语水平还挺不错的，走南闯北也算是见多识广。

几个月前，一个朋友给老王介绍了个俄罗斯客户，说是有一批大订单，但是具体细节需要老王亲自去俄罗斯和客户面谈。老王一听就来劲了，因为俄罗斯的轻工业不太发达，所以把国内的服装出口到俄罗斯的利润还是很不错的，只是之前一直苦于没有机会打开俄罗斯市场，这次可算是逮着个机会了。

问题是，老王虽然英语不错，但是俄语完全不懂，而且俄罗斯客户也不会说英语。此外，这次老王也想深入调研一下俄罗斯服装市场情况，所以找一个俄语翻译就成了当务之急。

虽然谈订单的时间是两个月以后，但是和英语翻译比起来，国内的俄语翻译还是比较少的，专业水平比较高的商务陪同翻译就更少了。无奈之下，老王给出了 3000 元/天的价格，往返 5 天一共 15 000 元，而且机票、酒店、三餐、签证费都包了，这个报酬算是比较高了。

重金之下，经过朋友介绍，老王总算找到了个翻译。她叫小颖，在俄罗斯留学四年，俄语水平还是过硬的，目前在一家翻译公司工作，也愿意接这么一个私活，毕竟五天就挣一万五，报酬还挺有诱惑力。

其实老王最开始是想找个男翻译，毕竟男翻译一起出去方便一些，订酒店只用订个标间就行。但是翻译行业确实女多男少，能找着专业过硬的就不错了，多订间房也花不了多少钱。

按照小颖的要求，老王还挺正式地和她签了一份《翻译雇佣合同》，把报酬价格、起止日期、报销内容都写得很清楚，还约定了违约责任。当时老王心想这小姑娘做事情还挺仔细，有法律意识，挺好的。

签完合同，老王就开始订酒店、买机票，也出钱给小颖办好了俄罗斯签证。正当老王踌躇满志准备一举拿下俄罗斯大订单时，在距离出发只有两天的时候，小颖突然失联了。

电话也不接，微信也不回，去到小颖的翻译公司，又因为正好是周末，也找不到人。老王都要急疯了，赶紧联系当时的介绍人，问问是啥情况，结果介绍人也联系不上小颖。大家都很着急，一方面是因为老王谈生意现在临时缺了翻译；另一方面也是替小颖担心，不知道她是不是出了什么意外。

无奈之下，老王只能花重金再临时找了个自带俄罗斯长期签证的高级翻译，因为找得急，翻译报价高达 6000 元 / 天，直接翻了倍，而且临时购买机票也贵了不少。

这趟俄罗斯之行，虽然最开始挺多波折，但幸好老王的生意谈得还算顺利。回国之后，老王发现小颖居然发了朋友圈，原来她并没有出什么意外，爽约的当天，就和闺密踏上了去东南亚旅游的飞机。

看到这里，老王勃然大怒，就把小颖起诉到法院，要求小颖承担违约责任，赔偿临时聘请翻译的差价，以及为小颖购买的飞往俄罗斯的机票钱。

"法官，说实话，我做生意也不差这两万多块钱，但是我真的就是气不过，怎么会有这么不讲诚信的小姑娘。"回顾完整个事件，老王表达了他心中的愤慨。

坐在审判席上的我挠破头也想不通，这又不是过家家，合同都签了，怎么能突然就放人鸽子呢？于是问被告席上的小颖："明明去一趟俄罗斯就能赚一万五，而且合同也签了，机票也买了，你这突然失联，临时不去，老王的俄罗斯订单还咋谈呢？你不担心自己要承担违约责任吗？"

"唉，主要是我闺密来找我玩，我和她聊起过两天就要去俄罗斯给老王做俄语翻译，不过她却说我一个女孩了单独和男老板去国外谈生意，比较危险，还是不要去了，既然请了 5 天的假，还不如陪她一起去东南亚玩一圈。我听听也觉得挺有道理，于是当天就拿着护照和她一起去泰国了，那里是落地签，也不需要提前办签证。"小颖坐在被告席上，不知轻重地回答道。

这一席话，让我和老王都直接噎住了，愣了半晌，我缓缓地回复她："首先，法律面前，人人平等，女性有安全意识是好事，但不能毫无依据地就在工作中怀疑他人；其次，就算真的觉得单独和男老板出国做商务翻译有危险，也可以在最开始的时候就拒绝这一单工作；最后，你在临行前突然爽约，给对方造成了损失，应该承担相应的违约责任。"

说罢，我拿出《民法典》给小颖看了看相应的条款，指出了这个案件中她有非常明显的败诉风险。看完法条的小颖似乎终于发现自己的行为后果有多严重，于是可怜巴巴地望着老王，表示自己知道错了，能不能少赔一点。

最终，禁不住小颖求情的老王没再坚持要她赔偿翻译的差价，仅仅让小颖赔偿了当时给她买的去俄罗斯的机票钱，案件最终调解结案。按照老王的话来说：让这个小姑娘付出一点代价，知道做事情不能这么任性就够了。

**案件启示录**

《民法典》第五百七十七条规定：当事人一方不履行合同义务或者履行合同义务不符合约定的，应当承担继续履行、采取补救措施或者赔偿损失等违约责任。

《民法典》第五百八十一条规定：当事人一方不履行债务或者履行债务不符合约定，根据债务的性质不得强制履行的，对方可以请求其负担由第三人替代履行的费用。

《民法典》第五百八十三条规定：当事人一方不履行合同义务或者履行合同义务不符合约定的，在履行义务或者采取补救措施后，对方还有其他损失的，应当赔偿损失。

以上条款大致意思就是：签了合同，就应该按约履行；不履行合同，给对方造成损失了，就应该照价赔偿。但这里的合同不能是违法的合同，比如器官买卖这种明显违法的合同肯定无须履行；当然，本案中的《翻译雇佣合同》确实是合法有效的合同。

作为一个成年人，应该具有起码的诚信意识、合约意识。在合同签订之前，应该仔细审阅合同内容，避免在不了解合同的情况下匆匆签字；在合同签订之后，应该按约履行，即使出现无法履行的情况，也要尽可能减少对方的相应损失。

在本案中，无论小颖是出于什么样的理由不想继续履行合同，也应该及时告知老王，并尽量减少老王的损失，同时承担相应的违约责任，而不应该直接"玩消失"。虽然老王最终没再多和小颖计较，仅仅让她赔偿了损失的机票钱，但从违约责任的角度，如果老王坚持继续诉讼，对于他因为小颖临时爽约而产生的其他合理损失，都是可以判决由小颖进行赔偿的。

所以呀，在法律面前，不能随意任性，否则就要付出相应的代价。

## 借车变保管，丢了不用赔？

"我的车呢？我爸都要把我腿打断了！"小马哭丧着脸坐在原告席上，冲着对面的被告小刘大声嚷嚷着。

小马20岁出头，是个"富二代"，天天开着他爸爸给他买的那辆保时捷卡宴出入夜店，灯红酒绿之间，出手阔绰之下，有不少狐朋狗友围着他转，被告小刘就是其中之一，成了他的小跟班。

前段时间，小马要去国外度假半个月，就把车扔给了小刘开。结果等小马回国之后找小刘要车，小刘却支支吾吾地拿不出车来。催了十几天都不见车，小马一怒之下就把小刘起诉了，要求判决小刘立刻归还那辆保时捷汽车。

"马哥，这事儿真不怪我，嘻哈酒吧那个老板大东你认识吧，我之前欠他点钱，结果上次我开车去他家酒吧，他就把这辆车扣下来了，还说什么我有钱开保时捷，没钱还他的债，要拿这车抵债什么的。"庭审中，小刘在被告席上不紧不慢地说道。

"你没和他说这是我的车吗？他难道敢扣我的车？"

"我和他说过了啊，但是他不买你的账，就是一定要扣，要不然马哥你告他去？我帮你一起告他，我全力配合你。"言语间，小刘一脸谄媚地怂恿。

听完这话，小马有些犹豫，我也有些怀疑，就问小刘："你开着车，被人把车给扣了，居然不报警？警察不管吗？"

"报了啊，警察说是经济纠纷，不管。"

"那你的报警记录呢？"我穷追不舍。

"这我哪有啊，我又不懂这些。"小刘耸了耸肩，眼神飘忽不定。

听到这里，小马好像有些醒悟过来了："那我不信，除非你把那个大东叫过来做证。我不相信大东当着我的面，还敢说要扣我的车，毕竟我又不欠他的钱。"

"那……我试试吧。"

庭后我给了小刘一周的时间去找所谓的"大东"来做证，但是一周过去了，小刘总是能找到各种理由搪塞，所谓的"大东"一直只是存在于说辞中。

书记员小曹见状，插了一句："艾法官，那个嘻哈酒吧我知道在哪儿，要不然咱们去那个酒吧找他们老板大东调查一下，然后顺便喝一杯呗。"

我瞪了小曹一眼，语重心长地说："这明明就是被告小刘的举证责任，而且看这个架势，那个所谓的大东有没有扣车还是个未知数，谁知道这是不是小刘编出来的谎话？我们办案不能被当事人牵着鼻子走啊。"

"原告小马，目前被告小刘看来已经是无法归还你的保时捷汽车了，那如果这辆车已经灭失，你如何处理？"第二次庭审时，我按照程序对小马进行法律释明，从我的经验来看，这车怕是真找不回来了。

"那我肯定要他照价赔偿啊，全寸金额，我申请法院进行相应的物价鉴定。"

听着小马这坚定的语气，见势不妙的小刘赶紧说："法官，我想声明一下，小马和我之间是保管合同纠纷，虽然目前这辆汽车已经灭失，但我并不一定要承担赔偿责任呀。"

"我和你是保管合同纠纷？"小马一脸蒙圈。

"对呀，你当初去国外度假，是把车子交给我保管的呀，而且也没有给我保管费用，那我就是无偿保管人。虽然可能是因为我保管不善造成车辆灭失，但是只要我没有故意或者重大过失，就不用承担赔偿责任呀。这是《民法典》的规定，你要是不懂法，可以去学学法律。"

听完小刘这番话，小马肺都要气炸了："谁和你是什么狗屁保管合同，你明明是找我借车的，我这里还有当时你和我的聊天记录！谁要你帮我保管了？我家明明有车库！你还说我不懂法？你这临时抱佛脚网上找了几个法律条文就来和我抠字眼，我真是眼瞎了才会交你这样的朋友！"

我看了看小马手机里的聊天记录，清清楚楚地显示当初是小刘一听小马要去国外度假，然后死皮赖脸地求着小马把那辆保时捷卡宴借给他开的。眼看着小马居然还保留着聊天记录，被告席上的小刘也没了言语，低着头，不敢再看小马。

鉴定送过去不久，苏城价格认定局就出具了一份价格鉴证书，参照市场行情，结合行驶证上的信息，对这辆"灭失的保时捷"进行了估价，认定目前价值为 65 万元。

既然有了价格鉴证书，我就直接判决小刘照价赔偿 65 万元。判决书送达之后，小马和小刘都没有上诉，判决也就随即生效。可我担心的是，看小刘这架势，能不能赔得起还真是个问题。

整理卷宗时，书记员小曹好奇地问我："艾法官，如果这个案子真的是所谓的大东把车强行扣走了，那也应该由小刘来赔偿吗？"

"如果我借给你 1 万元现金，但是你回家路上遭遇劫匪，这 1 万元现金被抢走了，难道你就可以不用还我的这 1 万元借款了吗？"

小曹一下就被噎住了，然后幽幽地说："你举的这例子，绝了！"

**案件启示录**

1.《民法典》第二百六十七条规定：私人的合法财产受法律保护。

在本案中，小马的保时捷汽车是他的合法私人财产，在借给小刘使用后，小刘无法归还，导致灭失，自然应该由小刘自行承担相应的赔偿责任。

在现实中，这种老赖很常见：你把东西借给他，他给你弄丢了之后，却总能找各种理由把责任推给别人。面对这种情况，我们不要被其迷惑，应该抓住重点：借用关系发生于你和他之间，那自然应由他承担相应的责任。如果对方拒不赔偿，那么建议及时起诉，法院将厘清是非，依法认定相应的责任主体及赔偿金额。

2.《民法典》第八百九十七条规定：保管期内，因保管人保管不善造成保管物毁损、灭失的，保管人应当承担赔偿责任。但是，无偿保管人证明自己没有故意或者重大过失的，不承担赔偿责任。

但这是在保管合同范围内才能适用的，而在本案中，小马和小刘之间是借用关系。而且就算小马和小刘真的是保管合同关系，如果小刘无法证明车辆灭失存在"合理原因"，就无法适用本条款中所说的"无偿保管人没有故意或重大过失"，也要承担赔偿责任。

## 当你的身份被别人冒用

"这辆法拉利的抵押借款合同上，明明就有你的签字，而且当时我们还查看了你身份证的原件，以及法拉利的行驶证原件，你凭啥说我们这份合同是无效的呢？"借款公司的经理一脸诧异地询问原告席上的女富豪王姐。

王姐撇了撇嘴，说："因为身份证上的那个人根本就不是我。"

为啥会出现这种怪事？这故事得从一个叫章三的男人说起，他年轻时就坑蒙拐骗，在 20 世纪 90 年代就因为诈骗被判刑，后来被放了出来，混来混去，居然给女企业家王姐当起了司机。

后来章三交了个女朋友小玉，这个小玉和王姐长得挺像。于是章三就利用做司机之便，窃取了王姐的户口本，而在那个办理身份证还不需要录入指纹的年代，小玉拿着这个户口本，去派出所谎称自己身份证遗失，补办了一张王姐的身份证。

注意了，这张身份证，因为是小玉冒充王姐去办的，名字和身份证号虽然都是王姐的，但是身份证照片却是小玉的，所以，小玉持这张身份证去办业务，还真没人能发现这是个冒牌货。

此后，章三和小玉就联手开始了疯狂的诈骗。

拿着这张身份证，小玉先去挂失了王姐的法拉利、劳斯莱斯等车辆的行驶证，挂失了王姐别墅的房产证，从而获得了新的车辆行驶证以及房产证。

有了这些证，虽然不能真的卖车卖房，但是可以办理抵押借款，于是他俩就用这种方式借到了几百万款项用于挥霍，而且，这些抵押借款的借款人，全都是蒙在鼓里的王姐。

除此之外，章三还利用自己作为司机的便利，得知了王姐某张银行卡的密码，于是让小玉去银行挂失了该银行卡，拿到新卡以后，就把卡里数百万现金取出来，继续挥霍。至于银行卡的短信提醒，小玉则已经提前拿着身份证去移动营业厅把王姐的手机号办了停机。

同时，小玉还以同样的方式，以王姐的名义办理了数十张信用卡，然后把这些信用卡统统刷爆。

当然，这种操作百分之百会败露。没过多久，王姐就发现了，然后报警。粗粗算下来，这不到一个月的时间，章三和小玉联手坑了王姐近千万元的财产。

没过多久，两人都被抓了，章三和小玉都被判了十几年。而对于已经被抵押出去的别墅、豪车，王姐只能一个个地通过诉讼，来确认相应的借款抵押合同无效。不然，这些以王姐名义借的又被小玉和章三挥霍掉的钱，就得由王姐来还了。

最终，我自然是判决确认这些抵押借款合同无效，接下来王姐就可以拿着判决书一个一个地去给自己的别墅、豪车办理解除抵押手续。但那些被小玉从银行账户里取出挥霍一空的钱款，还不知何时能从他们手中追回。

**案件启示录**

《民法典》第一百四十六条规定：行为人与相对人以虚假的意思表示实施的民事法律行为无效。

《民法典》第一百五十五条规定：无效的民事法律行为自始没有法律约束力。

《民法典》第一百五十七条规定：民事法律行为无效，行为人因该行为取得的财产，应当予以返还；不能返还或者没有必要返还的，应当折价补偿。有过错的一方应当赔偿对方由此所受到的损失；各方都有过错的，应当各自承担相应的责任。

虽然在法院 10 年，也算是见过了各种千奇百怪的案件，但是

"冒名办理身份证然后诈骗"这种行骗方式我也是第一次见。毕竟，刚好有这么一个居心叵测的司机，刚好有这么一个长相酷似受害者的女友，刚好在那个年代办理身份证不需要录入指纹，这么多巧合凑在一起才促成了这起犯罪。

不过幸好作为受害者的王姐发现得比较及时，虽然被取走的现金很难追回，但对于别人假冒自己，以自己的名义订立的借款合同、抵押合同，王姐可以通过法院起诉来确认合同无效，从而避免自己承担这些"莫须有"的合同义务。

其实本案中因为小玉的诈骗行为而遭受损失的，除了王姐，还有借款公司。因为借款公司本以为钱是借给王姐的，而且借款还有豪车作为抵押，肯定能有保障。结果现在合同无效，借款公司只能找小玉追偿，而被判刑十几年的小玉，是否有还款能力还是个未知数。虽然始作俑者小玉和章三都受到了刑法的惩罚，但这种较为罕见的行骗方式，还真叫人防不胜防。

## 为什么"老赖"害怕财产申报令？

"你们的人，把我们家老贾的牙齿都打掉了！这还有王法吗？！"

一大清早刚一上班，我就接了这么一个莫名其妙的电话，听得我云里雾里的，再深入问了几句，又和同事核实了一下，才大概知道了事情的原委。

不知道大家是否还记得前面提到的会写两种笔迹的老贾，当初他的两种笔迹被识破之后，他当场表示愿意尽快把 5 万元借款归还给原告老王，当时谈好的还款期限是 3 个月，我也给他们做好了调解书。

结果 3 个月期限届满，老贾依旧没有按约还款。对于这种"老赖"，老王只能申请强制执行，希望执行法官能把这 5 万元要回来。执行局收案之后，随机分配给了耿法官处理。

耿法官人如其姓，是一位非常耿直的执行法官，案件到他手里之后，他立刻给老贾发送了执行通知书和财产申报令，要求其立即履行法院的生效调解书，同时要求其向法院如实陈述财务状况，比如现金、存款、房产、车辆等财产情况。

这个财产申报令在法院执行工作中还是很重要的，因为虽然执行法官可以通过查控系统来查询被执行人的存款、房产、车辆等财产情况，但会浪费大量时间成本。财产申报令就是让被执行人自己老老实实地向法院汇报其财产状况，这样一来，可以让执行法官从浩繁的调查工作中解脱出来，集中精力对已申报的财产进行有的放矢的审查，从而分清被执行人是真的没有钱，还是故意逃避，进而提高执行效率。

但耿法官这次遇到的老贾是个无赖，执行通知书和财产申报令寄过去之后，犹如石沉大海，老贾啥反应都没有，根本没有理睬。

这么淡定的老赖，耿法官还是头一次见，于是打电话过去："老贾，之前我们法院的材料都收到了吗？"

"收到了啊。"老贾依然很淡定。

"收到了执行通知书、财产申报令，你怎么一点反应都没有呢？"听完老贾漫不经心的回复，耿法官着实有点火大。

"我就不想申报，你能把我怎样？"

老贾这回复着实把耿法官噎得够呛，不过耿法官也不恼，因为根据最高人民法院的规定，对老贾这种拒不履行生效法律文书、拒不报告财产情况又出言挑衅的老赖，法院是可以对其进行司法拘留的。要知道，如果没有相应的处罚措施作为保障，被执行人的财产申报制度就可能沦为一纸空文。

耿法官当下就找领导汇报了案情，也顺利签完了拘留决定书，第二天一大早，就带着法警直奔老贾家。宣读完拘留决定书之后，法警正准备把老贾带上警车，结果老贾趁着大家不留神，居然拔腿就跑。反应过来的耿法官马上追出门外，不过没走两步就乐了：这老贾慌不择路，出门下楼梯就直接摔了，现在捂着嘴躺在楼道里哼哼唧唧呢。

上前一看，原来老贾摔倒时磕着台阶，把一颗牙给磕断了，也正是因为这个插曲，才有了最开头老贾的老婆打电话扯着嗓子喊"法官把人牙齿打掉"的事儿。

接到电话的我，自然不会相信耿直的耿法官会打人，更不可能"把人牙齿打掉"，于是就马上打电话向他核实："哎，耿法官啊，听说你们把人牙齿打掉了，咋回事啊？"

听到这般"诬陷"，电话那头的耿法官没好气地把整个事情的来龙去脉和我说了一遍，知道真相之后的我有些哭笑不得。但对于这种拒不履行生效法律文书、拒不报告财产情况的老赖进行司法拘留，我还是举双手赞成的。

只是我还是比较好奇地问了问："对于这个逃跑时把自己牙齿磕断了的老贾，后来是咋处理的，直接带上警车去拘留所吗？"

"这咋可能呢，咱这执法也讲究个以人为本呀，我们最后是让老贾去医院处理好伤情，再带去拘留所的。"

"那这老贾去完医院还挣扎吗？会乖乖地配合司法拘留吗？"

"那可乖了，估计是感觉我们是来真的、来硬的，也就配合了，咱也算是给他上了一课。面对老赖啊，有时还是需要有司法强制措施作为威慑，毕竟，面对老赖的厚脸皮，光靠柔性劝导是没有用的。"

## 案件启示录

《民事诉讼法》第一百一十四条规定：拒不履行人民法院已经发生法律效力的判决、裁定的，以暴力、威胁或者其他方法阻碍司法工作人员执行职务的，人民法院可以根据情节轻重予以罚款、拘留；构成犯罪的，依法追究刑事责任。

《最高人民法院关于民事执行中财产调查若干问题的规定》第九条规定：被执行人拒绝报告、虚假报告或者无正当理由逾期报告财产情况的，人民法院可以根据情节轻重对被执行人予以罚款、拘留；构成犯罪的，依法追究刑事责任。

执行工作和审判工作一样，都是法院工作中非常重要的一环。案件经过审理后，最终生效的判决书、裁定书、调解书，并非每一个当事人都会自觉履行。这些拒不履行生效裁判文书的人，也就是我们俗称的老赖。

如何处置老赖，如何把生效的法律文书强制执行到位，确保法院文书不是"一纸空文"，进而真正将当事人的合法权益落到实处，是法院执行工作的重点。

然而，面对老赖，光靠柔性劝导是远远不够的。根据法律以及司法解释的相关规定，执行法官可以要求被执行人进行财产申报，也可以对被执行人名下的财产进行查询、冻结、划扣、拍卖，甚至可以对一些严重妨碍执行工作的老赖进行司法拘留，从而保障司法的权威和申请执行人的合法权益。

在司法实务中，我们常说司法机关要有"温度"，这确实没错，但毕竟公检法等司法机关的根本任务还是打击违法犯罪、保护国家与人民的生命财产安全，所以在面对刁蛮撒泼的老赖时，我们的司法机关还要有"硬度"。

毕竟，有些人还真就"欺软怕硬"。

## 网上开庭有温度，索赔不再跑断腿

随着科技、网络的不断发展，相应的司法便捷度也在不断提升。

有个案件的原告是山东枣庄的一个大姐，之前在苏城做了好几年的餐厅服务员，后来餐厅倒了，本来答应给她2万多元的经济补偿金，结果也没有兑现。

这个案件公告定的开庭地点在我们法院的第十一法庭，山东大姐作为原告本应该亲自到现场出庭。但是大姐说她做服务员挣钱不易，现在又常住山东枣庄，来一趟苏城出庭坐大巴很麻烦，而且还费钱，餐厅这2万多元的赔偿最后还不一定拿得到，现在能省一点是一点。于是大姐在开庭前两天打电话试探着问我，说能不能用网上开庭的方式来参加庭审。

考虑了一下，我同意了她的请求，让她补了份书面申请书，然后在第十一法庭拿来笔记本电脑，在网上开了这个庭。

为啥一定要在第十一法庭开？因为公告定的开庭地点是不能改的，所以我必须出现在第十一法庭，只是大姐这边的出庭方式我略做了变通。虽然她人在山东，但她在手机上使用一个特定的App就可以在网上出庭，免去了往返苏城的辛苦。不然，这2万多元补偿还没拿到，再来一趟苏城出庭，路费住宿费估计都要花掉一两千。

这一两千，对很多人来说不是大钱，但对她来说，可能就不是个小数了，咱们法院一直在倡导智慧审判、司法为民，不就是为了在每一个平凡的案件中，给出司法的温度吗？

**案件启示录**

科技的进步、互联网的发展改变了我们的世界，其中也包括法院的开庭方式。

在传统的观念中，我们所习惯的开庭，都是面对面的线下开庭，但如果在人员流动受限的情况下，法院也可以变成手机里、电脑里的网上开庭。近年来，为了提高司法的便捷度，最高人民法院也加快了对于电子诉讼的推进力度，所以，目前也有越来越多的法院具备了网上开庭的条件。

客观来说，有很多诉讼案件的金额较小，事实也并不复杂，各位朋友如果遇到了这类"小案件"，而且刚好又和法院相隔较远，那么就可以尝试向法院申请进行网上开庭。这样一来，既能省去交通费、住宿费，又能节省大量的差旅时间。

- 卖家在房价暴涨后毁约，结果赔惨了
- 出租屋火灾：怎样才算房东尽到了合同义务？
- 物业光拿钱不办事，业主该怎么办？
- 楼盘广告算不算购房合同的一部分？
- 卖房差点进监狱，原来户口本上有个"雷"

第四章

# 房子有烦恼，法律来指导

## 卖家在房价暴涨后毁约，结果赔惨了

"我家掏空了积蓄，好不容易凑齐了首付，办好了贷款，但是房主老金却不愿意卖了，这是赤裸裸的违约，我请求法院主持公道，判决房屋过户给我！"

原告小王是个新苏城人，大学毕业之后就来苏城工作，几年之后有了些存款，老家的父母也拿出了积蓄，总算凑足了首付，准备在苏城买一套房，安家落户。

小王看上了老金的一套二手房，总价 200 万元，在中介的撮合下，小王和老金签订了购房合同。之后小王开开心心地付完首付，开始准备办理按揭贷款。

但没承想，苏城的房价突然暴涨，一天一个价，等到小王的贷款办下来时，这套房子的市场价已经变成了 280 万元。

老金这时躲了起来，采取拖延战术，就是不配合过户。小王带着中介上门找老金要说法，最后老金丢下一句话：这房子我不卖了。走投无路的小王只能把老金起诉到法院，于是就有了开头的一幕。

法庭上，我翻看着老金的房产证，又看了看购房合同，一脸疑惑地说："老金啊，你为啥有底气说不卖房给小王？合同也签了，房子也是你的，就算你毁约不卖，我们法院也能判决强制过户的呀。"

老金看了看我，又看了看小王，得意地说："我查过法律规定了，我这个房产证虽然只写了我一个人的名字，但是这套房子是我和我老婆的夫妻共同财产。然而，我和小王的购房合同上，我老婆没有签字，她也不同意把房子卖给小王，所以我不能卖了。我顶多赔点违约金嘛，这合同上约定的违约金是房屋总价的 20%，不就是40 万元吗，我赔给他就是了。"

言语间，老金举证了一份结婚证，结合房产证的日期来看，这房子确实属于夫妻共同财产，对外出售的时候，确实需要老金的妻子同意才行。

这时原告席的小王坐不住了，跳起来嚷嚷道："你胡说！你老婆在我们签合同的时候明明在场的！她完全知情，也完全同意的！法官，我申请追加他老婆作为共同被告！"

既然要追加被告，这次开庭就草草结束了。回办公室的路上，书记员小曹有点疑惑地问我："你说这个老金为啥愿意承担 40 万元的违约金啊？"

"房子涨了 80 万元，他自己赔个 40 万元，还能赚 40 万元嘛。另外，280 万元还只是他们起诉时的市场价，你要不要看看这房子现在值多少钱？"

说完我给小曹打开了手机里的二手房 App，这地段的房子目前的均价已经涨到了 320 万元。

小曹看后，像是明白了什么："按照现在的房价，已经涨了 120

万元，老金只要拼命保住这套房子不卖给小王，就算赔了40万元违约金，还能赚80万元。照这么说，老金的老婆当时就算真的同意卖房，现在也会矢口否认吧？"

我叹了一口气说："在大额金钱的诱惑下，很多人都很难坚守道德的底线，所以呢，就需要我们来查清最后的真相了。关于这个案子，你去帮我查点东西。"

第二次庭审时，果不其然，老金的老婆虽然签署了《诚信诉讼承诺书》，但依然一口咬定说自己对于卖房的事情毫不知情。这也在我的意料之中，于是我拿出了小曹帮我调取的证据：卖房中介的监控录像。

监控录像显示，老金夫妇俩是一起在中介公司和小王谈卖房的，老金签字时她就在旁边，签完之后两人手挽手回去的。根据这份监控录像，她说自己对于卖房的事情毫不知情，很明显是在说谎。

看完监控录像，老金夫妇俩都不说话了，也都认可了和小王之间的房屋买卖合同，表示法院正常依法判决就行。小王本来还嚷嚷着要求法院处罚老金妻子的虚假陈述，看到他们认栽了，也就作罢。

庭审程序很快就走完了，我开始准备撰写判决书。结果在发判决书之前，我按惯例调取了这套房子的最新登记信息，居然发现房子突然多了个法院查封！

让人头疼的问题是：在房屋被法院查封的情况下，我是不能判决过户的。

一查关联案件，好嘛，原来是老金的某个债主在另外一家法院起诉了老金，案由是民间借贷，要求老金归还借款 100 多万元，重要的是，还申请了财产保全，也就是查封了老金名下这套本已卖给小王的房子。

在正准备判过户的这个节点，老金居然又冒出这么一个案件，而且还正好查封了这套房子，着实有些蹊跷。但是，就算真的是老金在搞小动作，我也拿他没办法，因为被查封的房子确实没办法判过户。

在得知这个情况之后，小王沮丧地和我说："法官，现在这房子都已经涨到 350 万元了，如果不能判过户的话，合同约定的 40 万元违约金根本不能弥补我的损失啊！"

我平息了一下被这个案件弄得焦躁无比的情绪，斟酌着语句对小王说："关于违约金低于实际损失的问题，你可以去问问你的律师，按照法律规定可以怎么办。"

隔天，小王就寄来了变更诉讼请求的申请书，以及一份鉴定申请书，要求对于目前这套房屋的市场价进行鉴定，并且要求老金夫妇赔偿房屋差价损失。

没多久，房价的鉴定报告下来了，这套房子现在确实已经涨到了 350 万元。也就是说，这套房子从最开始的 200 万元，至今共涨了 150 万元，如果小王现在要去买一套同类型的房子，就需要多花 150 万元，这个房屋差价，就是小王实际发生的损失。

最后一次庭审时，我再次明确询问老金夫妇，是否能将房屋的查封涤除从而配合办理过户，得到了否定的答复后，我结束了庭审的全部程序。

最终，我判决老金夫妇赔偿小王房屋差价损失150万元。这个金额远超合同约定的40万元违约金，但弥补了小王的实际损失。

对于这个结果，老金夫妇始料未及，于是立刻提出了上诉。但二审法院维持了我的判决，并且把这一案例作为典型案例进行宣传。此后，苏城的二手房买卖中，就很少再看到因为房价上涨而毁约的了。

对了，当初和我的一审判决书一同寄出的，还有对老金妻子的司法处罚决定书，鉴于老金妻子当庭号称自己对于卖房完全不知情的这一虚假陈述，我们法院依法对其进行罚款5万元的处罚。

**案件启示录**

1.《民法典》第五百八十五条规定：当事人可以约定一方违约时应当根据违约情况向对方支付一定数额的违约金，也可以约定因违约产生的损失赔偿额的计算方法。

约定的违约金低于造成的损失的，人民法院或者仲裁机构可以根据当事人的请求予以增加；约定的违约金过分高于造成的损失的，人民法院或者仲裁机构可以根据当事人的请求予以适当减少。

所以说，即使合同约定了相应违约金的标准，法院也可以根据实际损失的金额，来对最终判决的违约金进行调整。

在本案中，无论老金那个民间借贷案件是真实的案件，还是老金为了避免房屋被判过户而搞出来的小动作，毕竟房屋因查封而无法过户的责任在于老金，所以因无法过户而产生的违约责任，全部都应该由老金承担。

而在本案中如果机械地按照合同约定的 40 万元违约金来判决的话，就会造成一种"违约反而得利"的荒唐局面。这么一来，在房价暴涨时期，卖方违约跳价，反而能获得巨额利益。

所以，通过鉴定得出房价的具体涨幅差价，然后将全部的涨幅差价都认定为购房者的损失，并判决卖房者对于涨幅差价进行全额赔偿，才能真正地维护合同的公平。

同时，司法判决是有导向性的，这类判决作出后，大家就知道卖方即使毁约也得不到什么利益，那么自然可以促进整个二手房市场的交易秩序稳定，从而引导社会成员树立诚信观念。

2. 有朋友可能会觉得奇怪，在白纸黑字签了合同的情况下，仅仅因为老金的房屋被另案查封，就不能过户了吗？

确实如此，为了保障债权人的利益，根据债权人的申请，法院可以对债务人的财产采取查封、扣押等手段。即使早早就签订了房屋买卖合同，但如果在正式过户之前，该房屋被法院查封，那就暂时无法进行过户。当然，本案中由于无法过户的责任在房主老金一方，所以小王作为购房人，可以要求老金承担相应的违约金。

所以，大家在向存在诉讼纠纷的房主购买房屋时需要更加谨慎，避免被房主的诉讼风险拖累。

3. 处罚不诚信诉讼，也是人民法院树立社会诚信观念、维护司法权威的一项重要工作。

《民事诉讼法》和《最高人民法院关于适用〈中华人民共和国

民事诉讼法〉的解释》分别对诉讼参与人伪造、毁灭重要证据，恶意诉讼，恶意逃债，冒充他人诉讼，证人虚假做证等不诚信诉讼行为作出了详细的规定。若当事人违反上述规定，人民法院可以根据情节轻重予以罚款、拘留；构成犯罪的，依法追究刑事责任。

本案中老金妻子的陈述关乎案情的关键事实，如果没有视频监控，还真就让她逃脱了履行合同的义务。所以对于这类在关键事实上进行虚假陈述的当事人，确实应该依法处罚，维护法律的权威。

## 出租屋火灾：怎样才算房东尽到了合同义务？

我申请了一辆警车出外勤，庭长签字批车的时候问我去哪儿，我说："去看火灾现场。"

签完字，庭长递给我一把剪刀，说道："拿着吧。"

我愣了一会儿，连连摆手说："我这案子里没有出人命，就是财物受损，我要去看下现场，约了鉴定机构的人员去评估一下损失。"

庭长松了口气，笑了笑，挥挥手让我走了。

警车在田间小路上绕了半天，终于找到了那家隐藏在桃林里的豆腐坊。不过，当看到真实的火灾现场，我才真正感受到了火灾的破坏力。

这家豆腐坊是个家庭式作坊，东边两间房，一间用来生产，一间用来当仓库；紧挨着的西边两间房，一间是厨房兼餐厅，另一间就是卧室了。厨房有水源，所以没怎么烧起来，卧室和仓库是重灾区，四面墙都被熏得黢黑。卧室的衣服、被褥全都烧毁，散发着浓浓的焦煳味；仓库里原本存放着几十袋黄豆，现在一部分已经成了灰，另一部分依稀还能辨认出残余。

看着这场景，豆腐坊的大林哭丧着脸和我说："法官，您看，我全部的家当都给烧没了，您可得给我做主啊。"

大林旁边站着的是房东老周，见我盯着他，他连忙摆手说道："不关我的事啊，都是我朋友小李把液化气瓶放在这边空地上，我也不知道怎么就烧起来了，应该让小李来赔！"

原来，房东老周经营着这一片桃林，桃林里的这套土房子，是老周很多年前自己在宅基地上盖的，如今老周已经搬去了城里居住，桃林也雇了工人在打理，于是就把这套土房子租给了大林做豆腐，毕竟豆渣刚好还能给桃林做肥料。

大林是个外地人，有一手做豆腐的手艺，租了老周的这套土房子，和妻子儿子一起住，每天做好豆腐运到农贸市场去卖。一家三口虽然辛苦，但是日子过得也还行。

土房子旁边有一大片空地，平时大林也用不上，于是老周又把空地给了朋友小李用。这个小李是液化气公司的员工，负责灌装液化气，他有很多半空的液化气瓶没地方放，就放在了土房子旁边的那片空地上。正是空地上的这些液化气瓶突然起火，才引燃了整座房子。不过幸好当时是白天，大林一家三口都不在家，没有人员伤亡。

一旁的小李颓丧着脸，并没有为自己辩驳，只是一直在嘟囔着："我也不知道为啥这液化气瓶突然就烧起来了。"

那边鉴定机构的评估人员也都忙得差不多了，表示可以收工了，一周后就能出评估报告，对于这次火灾毁损的财物价值给出一个具体的评估金额，于是大家也就散了。

回法院的路上，警车的司机师傅和我八卦道："看来这液化气瓶是真不能乱放啊，太危险了，这个案子，应该是让那个小李全部赔偿的吧？"

"这倒也不一定，"我想了想，接着说道，"咱先不回法院了，去一趟消防大队吧。"

一般来说，只要发生了火灾事故，消防部门都会对现场进行勘查，进而给出事故报告。说实话，虽然液化气瓶确实非常危险，但是莫名其妙地自燃应该也不至于，我还真想知道，这最开始的第一簇火苗是如何冒出来的。

果然，在消防大队的火灾档案里，我看到了答案：起火部位在房屋外墙的电表，应该是电表线路铺设不规范引发的。经查，本来民用电是220伏，却被更改为380伏，而起火后又恰巧点燃了小李的液化气瓶，从而造成大火。

庭审中，我把这些火灾档案放在了老周面前，问他为什么会去改电表，老周略带愧悔地说："我的桃园需要装水泵，所以才改了电表，我也没想到居然会起火，但是我觉得小李的液化气瓶才是主要原因。"

小李也不甘示弱地回怼道："你的电表才是直接原因，如果电表不起火，我的液化气瓶也不会烧起来啊！"

老周还想争辩，我敲了敲法槌，制止了这场"先有鸡还是先有蛋"的争论："你俩也别争谁是主要原因了，乱改电表、乱放液化气瓶，对这场火灾来说都是缺一不可的因素，要不然这样吧，对于大林因为火灾受到的损失，老周和小李你们一人承担一半吧？"

估计是觉得这个方案双方都不吃亏，老周和小李思忖了一会儿之后，都接受了我的建议。其实，就算他们不同意，最终他俩都是要承担赔偿责任的。

有意思的是，后来小曹在寄发调解书时很认真地问我："艾法官，如果在正常的商品房小区里面，是不是房东租出去的房子，只要电表发生了漏电起火，那损失都要房东来赔呀？"

"那也不一定啊，如果房东尽到了定期检修的义务，万一发生了意外漏电，那也不应该由房东来赔。哎，小曹你怎么突然问这个问题？"

"唉，我家当年拆迁安置了好几套房子，现在都租出去了，看来我最近要去检查一下电表了。"小曹认真地回道。

哟，这小子，才发现你也不简单啊。

## 案件启示录

《民法典》第一千一百六十五条规定：行为人因过错侵害他人民事权益造成损害的，应当承担侵权责任。

在本案中，液化气瓶这种高危易燃物品，是绝对不能存放于民房旁边的，而大量液化气瓶的存在，也确实是导致这起火灾如此严重的因素，所以小李对此负有责任。

而老周作为房东，也负有一定的合同义务。他应该保证出租给大林的房屋的用电安全，却私自更改了电表的功率，电路铺设不规范。这一行为，既属于违约，也属于侵权，所以老周应该与小李共同承担相应的赔偿责任。

各位朋友，如果你有房子出租，切记要保证自己租出去的房屋是安全无隐患的，须做到定时检查，特别是安全风险较高的水、电、煤气，避免出现因为安全隐患使租客受到损害，从而承担赔偿责任的情况。

## 物业光拿钱不办事，业主该怎么办？

最近庭里新收了一批物业费案件，辖区里有个幸福小区，很多业主都拒交物业费，于是物业公司一口气起诉了200多户业主。这200多个案件被分给了好几个同事共同审理，我被指派为这批案件的牵头人。

庭前阅卷时，我翻了翻这些卷宗，发现这些拒付物业费的业主里，居然还有他们业主委员会的主任老林。业委会主任带头不交物业费，这在物业纠纷的案件中还是比较少见的，说明物业公司和业委会之间已经有很深的矛盾了。

　　老林是买了套二手房才成为幸福小区的业主的，刚住进来没多久，他就积极地参加业主委员会的活动，后来业委会换届，他积极参选业委会主任，最终他也成功当选。

　　但是他当选之后，越来越多的业主开始不愿意交物业费，按照老林的话来说，这叫"业主权利意识的觉醒"。幸福小区总共也就400多户，最终居然能有一半以上的业主拒交物业费，于是物业公司就把这200多户业主都起诉到了法院，要求判决业主支付物业费，以及相应的滞纳金。

　　虽然此前我们法院也零零散散受理过一些其他小区的物业费纠纷，但都是个别业主和物业公司之间存在特殊的矛盾。这次一个小区居然有一半以上的业主拒交物业费，这到底是因为物业公司太差劲，还是另有隐情呢？

　　"法官，我们物业公司从小区建成到现在一直服务于这个小区，七八年了啥事儿都没有，结果老林这一当上业委会主任，就带头不交物业费，这也太过分了！"庭审中，物业公司的代理人李律师气哼哼地说道。

　　"你们物业公司还有脸来要物业费？我们小区都有业主家被盗了，说明你们的安保不到位，平时小区里也总有些闲杂人员进出。"老林说完，旁听席上的很多业主纷纷附和。

　　"人家公安都已经破案了，小偷也抓到了，是个流窜作案的惯犯，偷了好几个小区呢。这样的职业小偷，也不是我们物业公司能预防的呀。"

　　"那我不管，毕竟盗窃确实发生了，你们物业公司总归还是有责任的。"面对物业公司的辩解，老林不依不饶。

见双方争论不休，我尝试着做调解工作："物业公司需要提供哪些服务，应该以物业合同为准，只要物业公司按照合同提供了诸如垃圾清扫、秩序维护、基础设施维修等服务，那么业主就必须交纳物业费。至于发生盗窃案件，这并非物业公司能够避免的，也不可能在物业合同中加以约定。所以呢，仅仅因为发生了盗窃案件就集体拒交物业费，这在法律上肯定是不支持的。"

"就不说发生盗窃的事儿了，难道物业公司只要提供了服务，无论做得好不好，我们都要交物业费吗？"似乎早就知道我会这么说，老林又抛出一个新问题。

我答道："如果你们业主实在觉得物业公司提供的服务并不让人满意，你们可以召开业主大会，按照法定程序解聘物业公司，但是这和目前应该按约交纳物业费并没有关系。"

听到我这话，老林突然向我示意，表示愿意组织所有业主调解，希望法院给他几天时间去做工作。我虽然不明就里，但是如果这200多个案件能调解成功，那我也是乐见其成，于是就给了双方一周的时间协商处理。

一周后，物业公司的李律师打电话和我说，这批案件已经庭外和解了，所以他们物业公司申请撤诉，但是最终的和解方案很是奇怪：业主们正常交清结欠的物业费，而这家物业公司则退出幸福小区。

"你们物业公司居然会同意这个方案？不是都干了七八年了吗，为啥愿意退出幸福小区呀？如果继续诉讼的话，我们法院也会判决业主支付物业费的呀。"我惊讶地问李律师。

"我们也没办法，现在是一半以上的业主都拒交物业费，虽然这次通过诉讼收回了物业费，但如果今后每次收物业费都要通过法院诉讼，那这个成本也太高了。更重要的是，艾法官您上次在庭审中不是也说了吗，业主大会有权直接解聘物业公司。庭审之后，那个老林就到处散布'法官说我们可以解聘物业公司'，撺掇业主交清物业费然后解聘我们。既然如此，与其到时候被解聘，还不如现在自己体面一点退出。"电话里，李律师的语气很无奈。

这个老林居然打着我的旗号在那儿煽风点火，这着实让我目瞪口呆。不过，虽然不知道老林葫芦里卖的什么药，但是毕竟200多个案件顺利撤诉结案，物业费也顺利交清，我也就没心思深究这些了。

一年之后，在我都快忘了这批物业纠纷案件时，一次开庭使我偶然再次遇到之前物业公司的李律师，他给我讲了讲幸福小区后续的故事，让我震惊之余，也总算明白当初的老林葫芦里卖的是什么药了。

原来的物业公司退出幸福小区之后，老林在小区里的威望一下子达到了顶峰，赶跑一家物业公司让很多业主有一种"斗争胜利"的感觉。于是在选聘新的物业公司时，老林推荐的一家物业公司很顺利就被业主大会聘用，并签订了相应的《物业服务合同》。

结果新的物业公司远不如之前的那家：垃圾无人清理，楼道里全是小广告，电梯的灯坏了几个月没人修……除了收物业费，这新的物业公司啥也不干。

虽然也有业主拒交物业费，但是这新的物业公司直接下狠招——停水停电。叫苦不迭的业主先是报警，然后又去找社区居委会协调，但都不管用，毕竟《物业服务合同》都已经签了，只能再召开业主大会来解聘这家物业公司。

但是老林居然一直从中作梗，业主大会一直开不成。后来大家才知道：这家新的物业公司就是老林的小舅子开的。此前老林撺掇着大家拒交物业费，然后赶跑了之前的物业公司，就是为了"肥水不流外人田"。

现在的幸福小区，有些业主迫于物业公司停水停电的威胁，就交了物业费；也有一些业主因为此前诉讼而认识了李律师，现在便组团准备共同委托李律师进行诉讼，替他们维权。

这一故事听下来，在感叹老林的"良苦用心"之余，我只能说，虽然法律可以帮你维护合法权益，但是法律也不能帮你避开人的算计呀。

### 案件启示录

1.《民法典》第九百四十四条规定：业主应当按照约定向物业服务人支付物业费。物业服务人已经按照约定和有关规定提供服务的，业主不得以未接受或者无须接受相关物业服务为由拒绝支付物业费。

业主违反约定逾期不支付物业费的，物业服务人可以催告其在合理期限内支付；合理期限届满仍不支付的，物业服务人可以提起诉讼或者申请仲裁。

所以，虽然物业费是个小事情，但是拖欠物业费也确实是违法的。当然，物业公司也不能采取"停止供电、供水、供热、供燃气"等方式催交物业费，只能通过诉讼的方式合法主张物业费。

2.《民法典》第九百四十六条规定：业主依照法定程序共同决定解聘物业服务人的，可以解除物业服务合同。

目前大部分的城镇居民都居住在小区里，如何处理业主和小区物业之间的关系，是值得深思的问题。如果确实是遇到了态度恶劣、服务较差的物业公司，那么可以召开业主大会，按照法定程序解聘物业公司。

然而，在决心更换物业公司之前，或许需要想清楚，目前的这家物业公司是否真的是服务差、难以接受。毕竟，我们身边确实还有很多"老林"，嘴巴上说的是"公义"，心里面盘算的却是"生意"。

## 楼盘广告算不算购房合同的一部分？

这两天书记员小曹一直抱怨，说自己错失了赚钱的机会。我瞟了瞟小曹的奥迪车钥匙，说："你又不缺钱，还需要啥赚钱的机会？"

"几年前，我们苏城大力发展科技新城，很多人当时都低估了它的潜力，那边的楼盘刚开盘的时候，均价都不到1万，现在都涨疯了。当年我去看过一个楼盘，叫飞翔小区，一平方米才8000元，现在都25 000元了，你说这是不是错失了赚钱的机会。"小曹一脸遗憾地嘟囔着。

飞翔小区居然都涨到25 000元了？这个熟悉的小区名字，让我回忆起了好几年前这个小区300多个业主共同起诉开发商的大纠纷。而这场群体纠纷，还得从学区房说起。

科技新城有一所公立小学叫"苹果小学"，颇有名气。两公里之外还有一所"香蕉小学"，教学质量也不错，但和"苹果小学"相比还是要差一些。两个小学的中间有一块住宅用地，好几年前，有个开发商在这块住宅用地上开发了个楼盘，就是小曹提到的飞翔小区。

当时飞翔小区到处做广告，号称"苹果香蕉双学区"，公众号里都是"双学区保障，教育无忧"之类的字眼，接受网站记者采访时，销售人员也说："楼盘对应双学区，一个是苹果小学，一个是香蕉小学，业主可以随意选择。"更重要的是，当时飞翔小区卖得也挺便宜，8000元一平方米，面积又不大，一套下来总价也就几十万，所以卖得特别好。

但最终交房之后，教育部门公布了这个小区所对应的学区，住户孩子只能去"香蕉小学"，根本不能去"苹果小学"，也根本没有什么"双学区"，不可能在两个小学之间随意挑选。

于是就有了300多户业主一起来起诉开发商的大场面。当时每一户业主都要求开发商赔偿3万元，所有的业主加起来，索赔金额近千万。

"法官，开发商很明显就是违约嘛，所有的广告都大张旗鼓地宣传双学区，而且包含了'苹果小学'这么一个名牌小学，所以我们才会买这个小区的房呀，结果现在只能去'香蕉小学'，这当然给我们造成了损失。而且我们要的也不多，也就3万元一户。"庭审时，业主代表侃侃而谈。

"我司提醒法庭注意，我司的楼盘销售合同上，并没有约定小区的学区情况呀。"开发商的律师看着也是准备充分，砍了第一板斧。

"虽然合同中没有写明学区，但是学区对房子的价值影响太大了，所以开发商对学区所做的宣传，应该视为要约，即使没有写进合同，也应该视为合同的组成部分。"业主这边的律师水平也挺高，一下子就说到了问题的关键。

"那我们的销售合同上也写了，如果因为'政策调整'情况发生变化，我司无须承担任何赔偿责任。如今教育部门把我们楼盘划为'香蕉小学'学区，这应该属于'政策调整'嘛。"开发商律师又砍了第二板斧。

听完开发商律师这话，业主代表有点火了："你们这就属于胡搅蛮缠了，如果一开始的学区就是'苹果小学'，后来再被教育部门因为政策调整而改成了'香蕉小学'，那我们业主也不会起诉你们。但明明一开始就是'香蕉小学'，这算哪门子政策调整？更别提你们一直在宣传双学区呢，现在哪来两个小学让我们业主随意选择？"

"双学区"这个点，还真是开发商的死穴，之前我也咨询过教育部门，得知苏城从来没有哪个小区可以是"双学区"，不可能有哪个小区业主可以任意从两个小学里选择一个，所以"双学区"这个宣传肯定是错误的。

但没承想，开发商的律师沉吟片刻，居然来了一句："这位业主代表，请问你结婚了吗？"

"没……没有啊。"突然被这么一问，业主代表有些蒙。

"好的，那提醒法庭注意，这位业主代表既然未婚，那么也自然没有适龄儿童就学需求，相应学区问题对其也就没有影响，希望法庭对于这类业主区别对待，判决我司无须对其进行赔偿。"开发商律师砍下了最后的一板斧。

此话一出，刚才还被问得一脸蒙的业主代表气得跳了起来，指着开发商律师的鼻子大吼道："你这是咒我一辈子没孩子吗？我现在未婚，以后总归要结婚生小孩啊！"

双方一下就吵得不可开交，我费了老大劲儿才维持好法庭秩序，然后询问业主代表一个核心问题："你们所提的每家3万元的赔偿诉求，到底是怎么算出来的？"

"即使是相同的地段，不同的学区也会导致房价的差异，如果我们这个小区所属学区是'苹果小学'，那么肯定会比现在的市场价更贵，目前我们估算的差价是3万元，所以主张3万元的赔偿。"

"这毕竟是估算，你们是否能提供相应的价格差异鉴定呢？"我还是希望案件的判决能有鉴定报告作为依据，毕竟，估算的价格太主观了。

最终业主和开发商都同意交由价格鉴定机构来认定，让专业机构来评判"学区"的价值。但是走了个遍，鉴定机构都表示无法做出鉴定，理由也挺好理解：每一个小区的地段、品质、户型、学区都不可能完全一样，而以上因素都可能会影响房屋价格，所以没办法去凭空想象某一个小区如果换一个学区之后的房价是多少。

如此一来，案件认定就陷入了僵局，我自己也有点吃不准，于是拿着卷宗和其他法官一起讨论，请教一下大家的意见。

听完我的案件介绍，大家都认为学区宣传在客观上确实会对购房人的选择产生重大的影响，所以即使购房合同中没有明确写明，也应该视为合同的一部分。不过，对于赔偿的金额，大家则有各自的看法。

一位年轻的法官助理表示："我是觉得，既然没有办法进行相应的鉴定，那么就无法确定具体损失，所以我建议驳回赔偿诉求。"

"完全驳回是不太妥当的，毕竟这些业主确实受到了误导，也是存在一定的损失的，虽然无法鉴定，但我觉得可以由主审法官酌定一个金额。"庭内的一位老法官从社会效果的角度给出了建议。

"我也赞成酌定一个赔偿金额，但我认为同时也要考虑一下业主方自己的过失问题。众所周知，教育部门在楼盘销售时都不会公布小区对应的学区，最终在完成交房、办好产权证的时候才会公布学区。如果购房人非常在意楼盘的学区，那么他们更应该了解相应的学区政策，也应该知道在苏城不可能有哪个小区可以任意从两个小学里选择一个，所以对于飞翔小区的'双学区'宣传说辞，他们应该具有起码的辨别能力。"另一位老法官给出了责任比例划分的看法。

最终，我结合大家的建议，参照不同的房屋面积，判决开发商赔偿每户业主 1 万~2 万元的损失。双方后来都提起了上诉，二审维持了我们的判决，飞翔小区的纠纷，就此画上了句号。

只是，当时所有人都没有料到，科技新城的房价会在几年后猛涨，翻了好几倍，和如今上百万的房价增值相比，当初的学区损失是 3 万元还是 1 万元，或许已不太重要了。

后来，原国家工商总局也出台了规定，明确禁止房地产广告中出现和升学、择校有关的宣传，于是类似飞翔小区的这类案件，再也没有出现过了。

## 案件启示录

《最高人民法院关于审理商品房买卖合同纠纷案件适用法律若干问题的解释》第三条规定：商品房的销售广告和宣传资料为要约邀请，但是出卖人就商品房开发规划范围内的房屋及相关设施所作的说明和允诺具体确定，并对商品房买卖合同的订立以及房屋价格的确定有重大影响的，构成要约。该说明和允诺即使未载入商品房买卖合同，亦应当为合同内容，当事人违反的，应当承担违约责任。

所以，各位朋友在买房的时候，如果开发商对于楼盘的一些重要的宣传或承诺，对你的购房选择、房屋价格产生了很大影响，那么就算没有写进合同，也可以视为合同的一部分。如果开发商最终违反了这些宣传和承诺，你也可以以此主张相应的违约损失，维护自身合法权益。

# 卖房差点进监狱，原来户口本上有个"雷"

民事法官做久了，刑法的很多规定就不太熟悉了，若不是这次遇到让人哭笑不得的小芳，可能我都不知道，卖个房还能差点把自己弄进监狱里。

3年前我办理了一个离婚案件，原告小芳早年间从老家来到苏城打工，在工厂里认识了后来的丈夫，婚后两人一起打拼，买了套小房子，也生了孩子，算是在苏城有了个家。

本来日子眼看着越过越好，但是丈夫慢慢变得好吃懒做，有时还会动粗，两人的感情因此基本破裂了。于是小芳鼓起勇气来到法院起诉离婚，案件由我主审。庭审中，丈夫对于离婚倒没什么意见，主要是对财产的分割有意见。

原来，苏城的楼市经过一轮暴涨之后，他们之前买的这套80平方米的房子，已经从80万元翻倍涨到了160万元，就算扣掉还没还清的50万元贷款，那也还剩110万元的净值，一人一半的话，就是55万元。

这意味着，如果绝对平分的话，得房子的那一方应该补偿55万元给不得房的一方，这对他们俩来说，都不是一个能马上拿得出来的金额。

最终经过我的调解，双方共同确认了一个方案：房子和孩子都归小芳，考虑到抚养费的折抵，小芳最终补偿40万元给对方即可，而且可以3年之内付清。

两人拿着调解书，去房管局办理了过户手续，房子顺利过户到了小芳名下。小芳也陆陆续续付了补偿款，虽然40万元不是个小数目，但3年的期限也给了小芳筹钱的时间。

一晃时间过去了3年，以我一年办案300多个的数量，小芳的名字早已湮没在这3年中的1000多个案件里，所以我在办公室接到小芳突然打来的电话时，好一会儿才想起来她是谁。

"艾法官，我摊上事儿了，您能不能给我分析分析？就是上次您帮我调解的那套房子弄出来的事儿。"小芳在电话里倒也没有客套，一上来就找我咨询。

一般来说，法官是不接受任何当事人的法律咨询的，毕竟对于不是自己手上的案件，我们也不方便发表意见。但一听她这事儿和我之前调解的案件有关系，我还是耐心地听了会儿，听完之后，我哭笑不得。

事情原来是这样的：3年的期限很快就过去了，这几年收入平平的小芳，也确实没能力攒够40万元来支付给前夫，于是小芳就想着把那套房子卖了，毕竟房子现在已经涨到了200万元，扣除贷款50万元，再扣除给前夫的40万元，还能剩个100多万元，小芳准备拿着这钱带着孩子回老家，生活压力也会小很多。

结果在卖房准备过户的时候，出了个小问题，虽然房本已经是小芳一个人的名字，但小芳的户口本上登记的依然是"已婚"，并没有改成"离异"，所以房管部门要求小芳出具符合她目前真实情况的户口本。

这也可以理解，毕竟房子虽然在小芳一个人名下，但是她户口本登记的却是已婚，即使知道小芳已离婚，也不能确定后来小芳有没有再婚，更不能确定这套房子目前是否还有其他共有人，如果有的话，那就不能仅有小芳一个人签字就过户了。

办理户口本的婚姻状态更改，其实很简单，去一趟派出所就行了。但因为小芳户口在老家，这事儿需要回老家的派出所办，于是，为了图方便，小芳做了一个极其错误的决定：办假证。

对，就是办了一个假户口本，上面赫然印有小芳老家公安部门的公章（当然也是假的），婚姻状况一栏也载明"离异"二字。但是假的毕竟是假的，这个假户口本，立马就被房管局的工作人员识破了，然后就报了警。

小芳在被刑事拘留之前，都没觉得办个假证能有多严重，后来按照程序申请了取保候审之后，才算是重获了自由。她赶紧咨询了几个律师，才知道自己涉嫌"伪造、变造、买卖国家机关公文、证件、印章罪"，毕竟，户口本是国家机关正式发给你的证件呀。

作为一个民事法官，对于这类刑事罪名还是不太熟悉，小芳的咨询，我只能委婉地表示我确实不太了解。

挂了电话，我带着好奇去找刑庭的许庭长请教："现如今买个假证就涉嫌犯罪了？能有什么危害呢？"

"虽然户口本是一种很普通的证件，但是假的户口本也有一定的危害，比如在有些限购的城市，你没有购房资格，但拿着假的所在城市户口本却可以成功买房，如果不打击这种行为，那么这个城市的限购政策不就毫无意义了吗？"许庭长认真地举例回复了我。

"那些人都是故意造假，确实有社会危害性，但是小芳买的这张假的户口本上，显示的'离异'确实是她真实的情况呀。如果假证里的内容是真实的，只不过证是假的，这也有危害吗？"我不依不饶地追问道。

"即使内容是真实的，假证依然有危害。比如实务中曾经遇到个别败家子，他的父母或配偶可能已经把他的房产证藏起来了，就怕他把房产证拿出去搞事情。于是他就买了个假的房产证，里面的内容确实是真实的，房子也确实是他的。然后这个败家子就拿着房产证去押给别人借钱，挥霍一空后无力还款，于是债主拉着他拿着房产证去房管局，就发现这个房产证是假的。这就是典型的虽然内容真实但是也有危害的明证，如果没有那个假证，估计人家债主也不会借钱给这个败家子呀。"在刑庭干了十几年的许庭长，认真地给我上了一堂刑法课。

看我依然替小芳叫屈，许庭长又补了一句："但是你说的这个小芳，她是初犯，而且婚姻状态也确实是离异，她独自卖房也没有侵害其他人的合法权益，确实没有造成什么社会危害，那估计公安机关审查之后就不移送检察院了，或者就算到了检察院，也可能作出相对不起诉的决定。这样一来，这个小芳就不需要承担刑事责任了。"

后来我再联系小芳，从她口中得知这个案件最终是由检察院作出了相对不起诉的决定，这意味着检察院认为小芳涉嫌犯罪的情节轻微，并不需要判处刑罚。这对小芳来说，也算是有惊无险。

## 案件启示录

1.《中华人民共和国刑法》（以下简称《刑法》）第二百八十条规定：伪造、变造、买卖或者盗窃、抢夺、毁灭国家机关的公文、证件、印章的，处三年以下有期徒刑、拘役、管制或者剥夺政治权利，并处罚金；情节严重的，处三年以上十年以下有期徒刑，并处罚金。

这就是伪造、变造、买卖国家机关公文、证件、印章罪。很多人觉得办假证并不是多大事儿，但其实不管是伪造户口本还是房产证，这样的行为都涉嫌犯罪，大家一定要引以为戒。

2.《刑事诉讼法》第一百七十七条规定：对于犯罪情节轻微，依照刑法规定不需要判处刑罚或者免除刑罚的，人民检察院可以作出不起诉决定。

大多数犯罪行为，都是由公安机关立案侦查完结后移送检察院，再由检察院向法院提起公诉，最终由法院作出判决的。这里的"检察院提起公诉"，大致可以理解为检察院代表国家来起诉。

但是如果犯罪情节非常轻微，也没有什么社会危害性，检察院在审查后可以决定不起诉，那这个案件就结束了，既不会进入法院的审判程序，也不会留下刑事犯罪记录。

但是，最好不要以身试法，这个尺度要是没把握好，可能就没有本案中的小芳那么幸运了。

- 加班回家路上猝死，为何还不算工伤？
- 把同事的雨衣穿回家，被定"偷窃"冤不冤？
- 少交一张病假单就被开除，有苦也难言
- 加班费，你拿没拿够数？
- 不给员工缴社保，公司要赔钱吗？
- 未签书面劳动合同，公司必须赔双倍工资吗？
- 竞业限制：真的假不了，假的真不了
- 公司欠薪，赔付金额怎么算？
- 做伪证的"弱势群体"

第五章

# 职场：有的坑要躲，
# 　　有的理要争

# 加班回家路上猝死，为何还不算工伤？

　　"这就是个血汗工厂，我女儿就是活活被他们累死的！"原告席上一位 50 多岁的中年男人挥舞着手臂，痛斥着被告席上的电子厂代表，痛心疾首的表情让人很是同情。

　　电子厂的律师几次想发言，都被他强行打断，他还怒斥这位律师是"资本家的走狗"。律师听完这话，略显尴尬地望向我，我不得不又敲了敲法槌，控制一下法庭秩序。

　　如果光看卷宗，好像也能理解这位中年父亲为何如此激动，毕竟中年丧女确实是人生一大悲剧。他的女儿小兰去世时只有 21 岁，但已经在被告电子厂工作了两年多，考勤记录显示，小兰去世的那个月，她足足加班了 70 个小时。

　　在当月的最后一天，小兰又一次加班到晚上九点，下班后乘坐电子厂的厂车回家，但在平时的下车点，她并没有下车。司机开到了终点发现车里居然还有个人，还以为是睡着了，准备叫醒她时，才发现小兰已经没有了呼吸。

　　司机连忙拨打了 120 和 110，救护车来了之后送医院抢救，终是回天乏术。警方来了之后调取了厂车的监控，显示小兰上车后，自己一个人坐在最后一排，但坐下之后就再也没有起来，确实系猝死。

警方和电子厂都迅速地联系上了小兰的父亲，小兰的父亲来了之后明确表示不进行尸检，直接火化，然后立即要求申报工伤，他认为小兰突发意外死在了下班的厂车里，应该属于工伤。

但最终这一工伤申请被驳回，社保部门认定这并非工伤。于是小兰的父亲就只能以"电子厂侵犯小兰的生命权和健康权"为由，把电子厂起诉到法院，要求电子厂全额支付 80 多万元的死亡赔偿金，这就有了故事最开始的那一幕。

翻阅卷宗之后，对于小兰一个月加班时长超过 70 个小时，我还是非常惊讶的，难道网络上常被拿出来探讨的"过劳死"，真实地发生在了年仅 21 岁的小兰身上？

我带着这个疑问，询问被告的律师："你们电子厂，为什么会让一个 21 岁的小姑娘，一个月加班超过 70 个小时呢？"

终于得到说话机会的电子厂律师清了清嗓子，回应道："法官，我想强调一点，我们工厂绝对不可能强迫工人加班，反而是工人抢着要申请加班的，小兰也是这样。她虽然一个月加班了 70 个小时，但每一次加班，都有她自己填写的申请单，我可以把这些申请单作为证据提交给法庭。"

"你放屁！怎么可能会有工人抢着加班呢？你当我是傻子吗！"原告席上的小兰父亲听完律师的解释，情绪立刻又激动了起来。

我又敲了敲法槌，安定了一下法庭秩序，并示意电子厂的律师继续陈述。

"这种情况不仅在苏城，在全国各地的电子厂都很普遍啊。我们工厂和工人之间都是按照苏城最低工资标准每月 2020 元来计算工资的，如果这些工人朝九晚五不加班，那他们的月工资就是2020 元。但是工人出来打工，当然都是想挣点钱，而我们厂又是严格按照平时加班 1.5 倍、周末加班 2 倍工资的法定标准来给工人发加班费的，所以几乎每个工人都会抢着申请加班。"

电子厂的律师说到这儿，顿了一顿，又补充说："据小兰的主管说，小兰特别拼，基本上每天都在申请加班，一加就是两三个小时，周末也不休息，也要来加班。所以她算上加班费，每个月工资还挺高的，都 5000 多元了。"

听到这儿，小兰的父亲哼了一声，没再言语。

律师继续补充道："小兰去世我们确实很遗憾，但根据我们的病假记录，小兰在去世之前的这一年里，因为心脏病、高血压，已经请过三次病假。所以小兰发生这样的悲剧，还是她自身的疾病导致的，和我们工厂没什么关系呀。"

看着递交上来的小兰的病假单、住院病历，上面赫然写着"扩张性心肌病、高血压病、窦性心律过速"，我不禁有些奇怪：一个 21 岁的小姑娘，本应该是读大学的年纪，却已经在电子厂打工两年多；而且明知自己身体不好，有心脏病、高血压，居然还拼命地申请加班，就为了多挣点加班费，这是为啥呢？

还有，这个电子厂把自己说得如此遵纪守法，把责任也推得一干二净，他们工厂的加班制度是否真的如其所言呢？到底有没有强迫加班的情况？

带着这些疑问，我休庭之后，找了一个工作日，突击走访了这家电子厂，对小兰生前的一些工友进行了调查。

那天，我听到的故事令人唏嘘。

小兰年纪很小的时候，母亲就去世了，父亲续弦娶了个后妈，又生了个弟弟。家乡农村重男轻女的思想很严重，小兰读完初中之后父亲就不再让她继续读书了，别说高中，连中专都不让小兰上，说是浪费钱。

在家帮忙务农了一段时间，成年之后的小兰便出来打工，而且还拼了命地主动申请加班挣钱。虽然每个月 5000 多元的工资在工友之中算挺高的了，但小兰每天在工厂食堂还是只吃最便宜的 5 元套餐，吃不饱就喝免费的汤，喝得肚子胀。

关系比较好的工友忍不住问她："你工资也挺高的了，还这么拼命加班，为啥不舍得自己多吃点？"

小兰回道："我爸说要我攒够 20 万元给我弟弟以后结婚用，并说，只要我攒够 20 万元，以后就不再找我要钱了，我就自由了。"

后来小兰被查出来有心脏病，要去做手术治疗，但是钱都在她父亲那里，她找父亲要钱做手术被拒绝，理由是钱要留着给弟弟长大结婚用。于是小兰只能进行保守治疗，没有做手术，每次去医院挂几天液就回来了。大家对她的病也没有那么深切的了解，哪知道突然之间，小兰就去世了。

虽然那天我听到的也都算是工友们的一面之词，但随后我调取了小兰的银行流水，发现这两年多来她每个月发工资，都只给自己留下 500 元，剩下的都汇款给她父亲了。

面对这样的银行流水，似乎除了工友们口中的那些故事，也没办法合理地解释小兰这两年多来苦行僧一般的生活了。

第二次开庭，从小兰的父亲口中，我大致确认了工友们说的故事属实，但这位 50 多岁的父亲并不承认自己要女儿攒够 20 万元给弟弟以后结婚。

而当我把银行流水摊在他的面前，问他为什么每个月都把女儿大部分的工资拿走时，他讪讪地笑了笑，说道："女孩子家留那么多钱在身边干啥，我这是替她保管着呢。"

"那她生病的时候，你为什么不给她钱去做手术？这些钱明明都是她用自己血汗挣回来的工资啊！"我强忍着悲愤，问他最后一个问题，想听听还有没有什么站得住脚的理由。

小兰的父亲挠了挠头，随口答道："当时哪知道她会病得那么重啊，吃点药不就好了吗！按我说，她肯定是被这个电子厂给累死的，和这个病没啥关系，法官你要给我做主啊，我是相信法律的，肯定会判这个电子厂赔给我 80 万元的。"

纵然是在法院工作了多年，纵然是见过那么多人情冷暖，在那一刻，我内心深处还是涌现出了一股难以言说的不平。

最终我做出的判决还是认定了被告电子厂对于小兰的猝死负有 10% 的赔偿责任，毕竟法律规定普通劳动者每月的加班时长是不能超过 36 小时的。虽然加班都是小兰主动申请的，电子厂也并不能预见自己工人的身体状况到底如何，但从用工规范的角度而言，电子厂批准小兰一个月内高达 70 多个小时的加班，还是违反了法律的规定。

判决做出之后，双方都没有上诉。

80 多万元的死亡赔偿金，需要赔付的 10% 也就是 8 万多元，电子厂很快就把这笔钱付给了小兰的父亲，案件也就此宣告结束，所有人的生活都在继续，除了小兰。

装卷归档时，我突然想到：这 8 万多元，再加上此前两年多的工资，算下来小兰好像刚好给她父亲凑够了 20 万元。

我不由得一阵哀怜，心中五味杂陈。

## 案件启示录

1.《中华人民共和国劳动争议调解仲裁法》(以下简称《劳动争议调解仲裁法》)第二条规定：中华人民共和国境内的用人单位与劳动者发生的下列劳动争议，适用本法：

（1）因确认劳动关系发生的争议；

（2）因订立、履行、变更、解除和终止劳动合同发生的争议；

（3）因除名、辞退和辞职、离职发生的争议；

（4）因工作时间、休息休假、社会保险、福利、培训以及劳动保护发生的争议；

（5）因劳动报酬、工伤医疗费、经济补偿或者赔偿金等发生的争议；

（6）法律、法规规定的其他劳动争议。

很多朋友不太明白什么叫"劳动争议"，该条款就比较详细地解释了"劳动争议"。其实大部分和"打工人"有关的事儿，都属于"劳动争议"，咱都能找到相应的法律来进行监管和约束，从而保护劳动者的合法权益。

2. 很多朋友可能都在纳闷：为啥本案中小兰在上下班途中去世，却不能认定为工伤？这其实是个法律误区，因为并非所有在上下班途中受到的意外伤害都属于工伤。

《工伤保险条例》第十四条规定：职工在上下班途中，受到非本人主要责任的交通事故或者城市轨道交通、客运轮渡、火车事故伤害的，应当认定为工伤。

这个条款的意思就是：上下班途中，必须是交通事故受伤，而且还必须是自己同责、次责或者无责的情况下的交通事故伤害，才能认定为工伤。

至于上下班途中的其他意外，则不能认定为工伤。这就是在本案中，小兰在下班的厂车中因病猝死，却不能被认定为工伤的法律依据。虽然很让人扼腕叹息，但这毕竟是法律规定。

3. 《中华人民共和国劳动法》（以下简称《劳动法》）第四十一条规定：用人单位由于生产经营需要，经与工会和劳动者协商后可以延长工作时间，一般每日不得超过一小时；因特殊原因需要延长工作时间的，在保障劳动者身体健康的条件下延长工作时间每日不得超过三小时，但是每月不得超过三十六小时。

有些朋友或许对只判决 10% 的赔偿比例有些不满意，对此我要解释一下：如果认定为工伤，那么小兰的家人可以得到 100% 的赔付；但正是因为无法认定为工伤，所以这起案件只能通过"侵权损害"这个案由来索赔。而"侵权损害"必须要有具体的侵权行为，比如我打你一拳，把你打伤了，那我就应该承担赔偿责任。

然而本案中小兰的猝死是自身的心脏病导致的，电子厂并没有对她施加非常直接的侵权伤害，厂车司机发现她出事之后也及时报警处理了，所以从"侵权损害"的角度，我们几乎找不到任何理由让电子厂赔钱。

然而，正是因为法律对于劳动者每月的加班时长有了限制，也正是因为本案中的电子厂确实违反了这一法律规定，批准了小兰每月长达 70 多个小时的加班，我们才得以找到突破口，在电子厂没有直接侵权行为的情况下，依然酌情科以 10% 的赔偿。最终，双方也都接受了这一判决结果，也从侧面说明了这个判决比例较为合理。

4. 其实在审理这个案件时，对于小兰的人生，我还是无比唏嘘：若不是因为她那复杂且凉薄的家庭，或许她也不必如此辛苦，也不会落得如此的结局。但对于她命运的悲剧，作为外人的我又是如此无能为力。

人世间的悲苦并不相通，但衷心希望每个人都能不活在别人的阴影之下，都能冲破命运的枷锁，畅快地为自己而活。

## 把同事的雨衣穿回家，被定"偷窃"冤不冤？

"我拿了别人的雨衣确实是我的错，但是也不至于开除我吧！我都 49 岁了，明年就要退休了，如果今年被开除，社保断了的话，我就没办法享受社保的养老金了呀，这后果也太严重了吧！"

在庭审中一把鼻涕一把眼泪地诉苦的，是 49 岁的王大妈。还有一年就可以退休的她，在某个上千人的大型工厂车间上班。有一天下晚班，天降暴雨，她自己没有带雨衣，于是就在电瓶车库里，随意拿了别人电瓶车上的一件雨衣穿回家了。

对，是随意，王大妈也不知道她拿的是谁的雨衣。

不幸被顺走雨衣的是刘大姐，她和王大妈素不相识。刘大姐下班后发现雨衣没有了，只能在工厂小卖部买了件一次性的雨衣穿回家，但是一次性雨衣毕竟单薄，那天又下着暴雨，于是刘大姐回家路上被淋成了落汤鸡。

刘大姐在家越想越气，第二天就向工厂安保部门报案，说自己雨衣被偷了。保安一查监控，很快就发现是王大妈拿的，但是这天王大妈刚好调休，人不在工厂。

第三天王大妈正常上班，但是并没有送还雨衣，按照她的说法，天气很好，自己着急上班，也就忘了把雨衣带回来。

刚一上班，工厂保安就找到了王大妈，问她是不是拿了别人的雨衣，王大妈也承认了。于是保安按流程做了一个案件登记表，上面载明了"王大妈偷拿了别人的雨衣"，王大妈也在登记表上签了字。

而这家工厂的员工奖惩制度有明确规定："偷窃他人财物或公司财物的，直接开除。"于是当天王大妈就被请出了厂区，被告知不用来上班了。

第四天，王大妈带着雨衣回到工厂，但是工厂保安已经不让她进去了，于是王大妈把雨衣放在了门卫岗亭。

没过几天，工厂走完了开除审批流程，向王大妈发送了正式的开除通知书。

拿到开除通知书的王大妈傻眼了，她觉得只是拿了一件雨衣，即使有错，也错不至开除，于是申请了劳动仲裁。她认为工厂是违法开除，因此要求工厂支付 8 万元的赔偿金。

这 8 万元是怎么算出来的呢？根据《劳动合同法》的规定，如果公司是违法开除员工，那么应该向员工支付的赔偿金是 $2 \times N \times$ 月工资，这里的 $N$ 就是在该公司的工作年数。

王大妈月工资 4000 多元，在这家工厂工作了 10 年，那么违法开除相应的赔偿金计算方式就是 4000（元）×10（年）×2=8 万（元）。当然，如果公司不构成违法开除，那么这个赔偿金就不需要支付了。

王大妈在劳动仲裁时信心满满地说："我当天是上午八点下的夜班，特意挑选湿的雨衣拿走，是因为湿的雨衣意味着是上白班的同事穿过来的，我想着自己当天晚上再来上夜班的时候可以带过来还给同事，所以我只是借用，不是真的想偷走。只是没想到自己晚上来上夜班时，那个白班的同事已经下班走了。"

结合王大妈的这一番说辞，在仲裁阶段，劳动仲裁委还真支持了王大妈的观点。裁决认为只不过拿了一件雨衣而已，金额过低，不宜直接认定为偷窃，所以工厂是违法开除，因此裁决工厂应该向王大妈支付 8 万元的赔偿金。

工厂当然不服，起诉到法院，这个案件被分到了我手上审理。

刚一开庭，工厂的法务就气呼呼地说："法官，我们认为仲裁委的裁决是在助长歪风邪气！王大妈就算自己没有带雨衣，那也完全可以像刘大姐那样，去工厂小卖部买一次性雨衣来应急呀。我们工厂的电瓶车库停着几百辆电瓶车，如果大家都像王大妈这样随意拿取别人的物品，而且被开除了居然还能有几万块赔偿金，那以后我们工厂秩序还怎么管理呢？"

"我又不是真的想偷这个雨衣，我只是借用嘛。"王大妈赶紧为自己辩解。

"没经过同意就拿走，那就是偷！"工厂法务也毫不客气地回怼道。

在庭审中，我也听取了雨衣主人刘大姐的意见，她表示："我本来想想算了，但是那天回家我还淋了雨，差点就感冒了，我越想越气，所以才报了案。而且我自己的雨衣被别人拿了，我当时也没去拿旁边其他人的雨衣用，我知道这是不对的，所以去工厂小卖部买了一次性雨衣。过了几天安保部门说我的雨衣找到了，放在门岗，我也没有去拿，因为雨衣都被她穿过了，我肯定不想要了。"

案件审理到这份儿上，事实已经非常清楚，最终的判决结果，其实就是一个价值取向问题。于是我拿着卷宗，去找其他法官一起讨论，果然大家也出现了两种截然不同的建议。

很多同事认为，这个案件中，工厂的规章制度说的"偷窃"，与刑法定义的"盗窃罪"并不一样，更多是从道德层面来教育大家不能偷任何东西，这与金额大小无关。从王大妈的行为来看，并没有发现她有归还的意愿，所以工厂当然可以认定她的行为构成"偷窃"，进而根据规章制度开除她。此外，从弘扬道德风尚的角度，判决工厂赔偿 8 万元也不合适，此类判决一旦做出，非常不利于形成良好的社会风气。

也有同事认为，王大妈的行为固然不对，但是让她承担的代价过于惨重。49 岁的她临近退休年龄被开除，这对她今后正常享受社保的养老待遇确实有极大的影响。一件雨衣也就几十元，与其获益相比，王大妈因此受到的处罚过重了。

两边说得都有道理，但是建议归建议，最终我作出的判决却只能二选一，能有什么居中的解决方案吗？

还真有，那就是调解。

很多人对于调解可能一直有一些误解，就是法律既然都有明确的规定，那么为什么还要调解，这不是和稀泥吗？

我觉得这个"雨衣案"就是一个比较典型的例子，案情很清晰，但如何适用法律，从判决的角度只有"0"和"1"的选择，但单纯的"0"或者"1"的结论，又稍显极端。在这种情况下，调解或许可以找到一个平衡点。

我先找到工厂法务，很明确地表示："我本人是认可你们的观点的，我也认为王大妈的这种行为完全应该开除；但是我们法官会议上，也有部分法官是支持王大妈的，认为仅仅因一件雨衣就让她被开除，这个代价过于惨重。当然，作为这个案件的主审法官，我当然可以判决你们工厂胜诉，但是对方如果提出上诉，你是否能确定二审的那位法官一定支持你，而不是支持王大妈呢？毕竟，虽然支持王大妈的人不多，但总归还是有的，这个案件之前的仲裁员不就支持了王大妈吗？"

调解并非忽悠，我一直认为调解应该基于客观事实，绝不能忽悠人。在调解中，我更习惯于把所有的风险摆出来给大家看，让双方各自进行风险衡量，毕竟我国的案件实行两审终审制，作为一审法官，我的判决并不是最终的结果，二审是否会改判，也是双方需要考量的风险。

工厂法务听完我直白且客观的分析，也爽快地表示：开除依然是开除，但看在王大妈在工厂工作多年的分儿上，可以给她一笔并不高的补偿。可能是自知理亏吧，得知工厂愿意给一笔补偿之后，王大妈很快也同意了这一方案，双方也算是握手言和。当然，具体的补偿数额，由于双方都要求保密，在此也就不公开了。

### 案件启示录

1.《劳动法》第七十九条规定：劳动争议发生后，当事人可以直接向劳动争议仲裁委员会申请仲裁。对仲裁裁决不服的，可以向人民法院提起诉讼。

很多朋友可能会纳闷，为啥在来法院打官司之前，还有个"仲裁委"来对劳动争议进行裁决？这其实就是劳动争议的一个特点：仲裁前置。

上面这则条款的意思就是：劳动争议纠纷必须先经过劳动仲裁委的仲裁，之后才可以向法院提起诉讼，而不可以直接向法院提起诉讼。这就是劳动争议与其他类型案件的不同之处。

2.《劳动合同法》第四十八条规定：用人单位违反本法规定解

除或者终止劳动合同，劳动者不要求继续履行劳动合同或者劳动合同已经不能继续履行的，用人单位应当依照本法第八十七条规定支付赔偿金。

《劳动合同法》第八十七条规定：用人单位违反本法规定解除或者终止劳动合同的，应当依照本法第四十七条规定的经济补偿标准的二倍向劳动者支付赔偿金。

《劳动合同法》第四十七条规定：经济补偿按劳动者在本单位工作的年限，每满一年支付一个月工资的标准向劳动者支付。六个月以上不满一年的，按一年计算；不满六个月的，向劳动者支付半个月工资的经济补偿。

以上3个条款，很多朋友看完可能依然有些云里雾里，这其实就是劳动争议中很有名的2N赔偿金。简单解释一下就是：如果用人单位违法开除劳动者，那就应该向劳动者支付赔偿金，计算方式为2倍×工作年限×月平均工资。

如果一个人的平均工资是4000元/月，在该公司工作了10年，然后被违法开除了，那么公司应该支付的赔偿金就是4000（元）×10（年）×2倍=8万（元），这也是本案中王大妈索赔的算法。

所以，大多数涉及"开除"的劳动争议中，最关键的就是查明开除的理由是否违法。毕竟，一旦构成违法开除，就能拿到一笔不菲的赔偿金；一旦被认定为合法开除，就一分钱赔偿都没有。所以呀，各位朋友今后万一遇到这档子事儿，可千万别忘了这块"必争之地"。

3. 可能有些朋友会觉得，鉴于王大妈这种偷盗的行为，开除是百分百合法的，怎么可能还有人支持她呢？如文中所说，这其实就是一个价值取向问题，支持王大妈的人，他们并不是支持"偷雨衣"的行为，而是认为仅仅因为一件雨衣就被开除，这样的代价过于沉重了。

为了观察价值取向的差异性，我曾经把这则案件写在了我的微博里，想看看网友们的意见。果不其然，微博网友也很明显地分为两派，一派认为应该立刻开除，另一派则认为开除处罚过重。

有趣的是，两派都非常惊讶于另一方的存在，都觉得对方的观点非常不可思议。其实，价值取向的不同是广泛存在的，各位读者对于王大妈的案件肯定也有不同的意见和看法，真要争个谁对谁错，估计也很难有个结果。

但换个角度来说，通过这类案件，或许大家也能大概理解为什么有些案件需要调解。毕竟很多时候，这世界上的对与错，哪有那么绝对呀。

## 少交一张病假单就被开除，有苦也难言

一个40多岁的山东工人老卢，在食堂被人打了，眼眶骨折，轻伤二级，打人的那位已经被抓起来判了刑。老卢虽然无须住院，但毕竟眼伤难治，病假休了两个月还没见好。

一直治疗到春节，之前医生开的病假单正好到期了。春节后的第一周，工厂领导既没有看到老卢回来上班，也没有看到医生新开的病假单。催促之下，老卢从微信上发来了第二周的病假单，但就是没有提供第一周的病假单。

虽然从常理来说，春节后第二周都有病假单，那么第一周肯定也有病假单。但问题是，从程序的角度，他必须走一个正常的请假手续，一是要提供病假单，二是要向工厂履行请病假手续（微信上和领导说一声也行），否则就要以旷工处理。

这也能理解，毕竟你都病休了两个月，你不主动请病假，也不提供病假单，工厂也不知道你是已经痊愈了然后旷工，还是依然在病休状态。

由于老卢实在拿不出第一周的病假单，而且他也确实没有办理任何请假的手续，于是工厂认定他春节后第一周属于旷工，然后把他开除了。

对于这个结果，老卢非常委屈："第一周的医院病假单，我在第一天就亲手交给厂长了啊。"厂长对此回应道："我肯定没收到！之前两个月病假都给你休了，不可能这一个礼拜病假不给你休啊。只要你拿病假单来，那就啥事儿也没有。"

虽然老卢说得言之凿凿，但他没有任何微信记录、短信记录等证据能证明自己把病假单提交给了厂长。春节之前四五次请病假，老卢都和厂长发过微信也拍过病假单，唯独春节后第一周，双方没有任何聊天记录。

既然没有证据证明老卢履行了正常请病假手续，所以仲裁委驳回了老卢关于违法解除劳动合同双倍赔偿的请求。

现在案子到了我手上，老卢补充提交了一份病历，上面清楚地载明了他春节后的第一天确实去医院看眼睛了，这意味着他当时肯定拿到了医生开具的病假单。

那这病假单去哪儿了呢？

老卢叫屈道："我明明有病假单，怎么可能不给厂长呢？那个病假单我留着又没有用，就是用来给公司请假的啊。明明是厂长在撒谎，只是我没有证据啊！"

虽然我相信老卢春节后第一周确实在病休，但他这话我也不能全信，毕竟也有可能是老卢自己弄丢了病假单。此前他都是在微信上拍张病假单的照片发给厂长，简单又方便，这次他又何必亲自送去给厂长呢？

从目前的证据来看，老卢一没有履行请假手续，二也没有提供病假单，所以对我来说这个案件最简单的处理方式，就是和仲裁委一样，驳回他的诉请。

但我并不忍心看到这样的结局，毕竟，就算真的是老卢自己弄丢了病假单，这样的小失误却要导致他丢工作，这代价未免太大了。

于是我直接和厂长打了个电话："话说老卢在你们厂里也这么多年了，也算是老员工了，你们怎么就因为一周的病假没有请，把他直接开掉了？"

"我们对老卢倒没啥意见，只是我们工厂是台资企业，对于考勤这一块管理得确实比较严格。我们一直说让他拿病假单过来就好，但是他一直拿不出来，所以我们只能按照考勤制度把他开掉了。"

　　看来工厂和老卢并没有什么"私人恩怨"，不是借题发挥故意要开掉老卢，那说明还是有协商调解的可能性的。于是我继续说道："这个案件中，虽然老卢确实没有提供病假单，但是直接开除也确实过于严苛。而且事实上，老卢春节后第二周是有病假单的，第一周也确实有病休的医嘱，这与真正意义上的旷工还是有一定区别的。基于此，就算一审能够支持你们，也不排除二审会认为开除并不合理。如果二审真的支持了老卢，结合老卢这么长的工作年限，他这违法开除的经济赔偿金可是一个不小的数字啊。"

　　"这……也不是不能协商的嘛。"听完我的分析，厂长的口风也有了些松动。

　　"这样吧，对于违法解除的赔偿金，打个 5 折怎么样？就当双方一人一半的责任了。"

　　"艾法官，我们最多能出到 3 折。"

　　"那就 4 折。"

　　"成交！"

　　即使是 4 折，相应的赔偿金也将近 10 万元，老卢也很快接受了这个方案。毕竟，如果按照旷工开除来算，他一分钱赔偿都拿不到。

**案件启示录**

1. 规则意识

　　有些朋友可能会很不理解：老卢第一周肯定是在养病，难道仅仅因为没有提交病假单、没有履行请病假手续，就可以被认定为旷工，然后被开除吗？

还真可以。或者说，确实有这种风险。

其实从规则意识的角度来说，有很多类似的场景：你明明有驾照，但只是开车时未随身携带，那也会被交警罚款；你明明是亲自参加高考，也不是枪手代替你考试，但如果没带准考证，就不会让你进考场；你明明想要上诉，但只是提交上诉状迟了几天，超过了15天上诉期，就丧失了上诉的权利……

在日常生活中，我们还是要有一定的规则意识，从而避免以上这些本不该有的麻烦。在故事中我也说过，如果老卢自己不主动履行请假手续，工厂就无法知道他是在病休还是旷工。既然老卢没有遵守"请假手续"这一规则，那自然应该承担相应的代价。

2. 证据意识

也有些朋友看完故事可能会说：老卢肯定是口头和厂长请过假了，厂长拿了老卢的病假单之后就不承认了，只可惜老卢没有证据而已。

其实结合此前老卢一直是在微信上请假、通过微信将病假单发送给厂长的事实来看，"口头请假"和"亲手交病假单"的说辞都有些不合常理。

更重要的是，就算这是真实的，因为没有了证据，所以也无法被法院采信。因此，各位朋友也请树立相应的证据意识：一纸证据，远比赌咒发誓更有用。

3. 调解的意义

其实这个"病假单案"和此前的"雨衣案"有些类似，关键点都是价值取向的判断。有人会觉得老卢既没有规则意识，又缺失证据意识，所以就应该承担被开除的代价；也有人觉得老卢在客观上肯定是在病休，如果仅仅因为没履行请假手续就被开除，也太可怜了。

其实在法官之中，对于这类价值取向的判断也存在争议，不同的法官也可能持有不同的观点，从而作出不同的判决。然而这类劳动争议案件最大的特点，是胜诉与败诉之间差异巨大，要么能拿到不菲的赔偿金，要么是一分钱都没有，二者之间并没有居中酌定的可能。

在这种两难的境地下，调解这种"各退一步"的处理方式就很有优势了：既然双方都没有十足的胜算，那还不如各退一步达成和解。很多人都不太理解调解的意义，觉得调解就是和稀泥，其实如果出现了"证据和真相互相矛盾"的情况，接受调解反而会比生硬的判决更能实现司法的正义。

## 加班费，你拿没拿够数？

"你一个女孩子，还是个'90后'，怎么会去做保安呢？"我望着原告席上的小燕，不禁有些惊讶，毕竟现在大多数物业公司的保安年纪都偏大，年轻小伙子去做保安的都比较少，年轻女孩子就更少了。

年轻女孩子就算去物业公司工作，大多数也会做行政或者财务，很少会去做保安。因为保安每天的工作时间很长，有时还要值夜班，很多年轻女孩子吃不了这个苦。

"还不是为了多挣点钱，保安加班的时间比较长，挣的加班费就多。我从农村出来，连高中都没读过，公司的行政和财务岗位不会要我，我也只能做保安了，虽然苦一点，但比起进工厂车间来还是更轻松。"虽然我问得有些唐突，但朴实的小燕还是认真地回答了我的问题。

我看了看卷宗里小燕的身份证，确实是从某个中部省份农村出来的。

"那既然是做保安，为啥不在老家附近做呀？来苏城做保安，生活成本肯定比老家高呀。"我还是有些好奇。

"但是苏城工资高啊，算上加班费，我每个月净到手的工资有四五千块呢，而且公司还提供住宿，每个月能攒不少钱。只是我离职的时候才发现，公司居然克扣了我的加班费。"

"公司怎么克扣了？我看你的工资单上，每个月不都有一栏加班费吗？"

"我没怎么读过书，以前我也不懂，以为加班费能按照 1.5 倍计算就很好了，后来才知道双休日的加班是按照 2 倍工资计算的，国家法定节假日加班要按 3 倍工资计算。但是我们这个物业公司所有的加班都是按照 1.5 倍计算的，我在这儿干了两年的保安，公司克扣了我不少钱呢！"说到这儿，小燕略显黝黑的脸庞，气得微微涨红。

"别乱说啊，我们公司都是依法支付加班费的，节假日都是按3 倍算工资的，你的加班费不是每个月都付给你了吗？这两年下来也没见你有什么意见呀，怎么一离职就来告公司，不会是被什么律师挑唆的吧？"物业公司的女财务虽然瘦瘦的，但气场不小，言语间的攻击性很强。

停顿了片刻，女财务接着说道："更何况，你找我们公司要加班费，你有什么证据吗？劳动仲裁委不都判你败诉了吗？"

我又仔细翻了翻卷宗，此前小燕申请劳动仲裁，要求物业公司支付克扣的加班费，但确实没能提供任何加班考勤的证据，小燕主张的加班费金额都是估算的。这样一来，一年 365 天，哪一天小燕在加班、加了几个小时，都没有考勤记录来佐证，更无法进行核算，于是仲裁委就直接驳回了小燕讨要加班费的诉求。

说实话，这样的裁决，确实草率了些，因为《江苏省工资支付条例》明确规定了用人单位应该保存不少于两年的考勤记录，所以在加班费这个事儿上，提供考勤记录的义务在物业公司，不在小燕。

当庭释明了这一规定之后，物业公司的女财务脸拉得可长了，但几天之后，女财务还是按照我的要求，送来了物业公司留存的考勤记录。只不过她依然坚持对我说："法官，我们的加班费肯定没有算错。再说了，您看看这两年的考勤记录，700 多天呢，您真准备把她每一天的考勤时间都看一遍？看她每天都加班了几个小时，再给她算加班费？您这可不得累坏喽，别算了吧！我一个做财务的，还能把她小姑娘的加班费给算错了？"

我接过厚厚的一沓考勤记录，说："你有没有算错，我自己算一遍就知道了。再说了，人家一个农村来的小姑娘，挣点加班费也不容易，是吧？"

女财务自讨没趣地走了，我吭哧吭哧地对着一大沓考勤记录，结合小燕的基本工资，算了 3 个晚上，总算把她两年来的加班费按照平时 1.5 倍、双休日 2 倍、国家法定节假日 3 倍的标准，完整地算了一遍。

果然，少了 8000 多元的加班费。

最终的判决，自然是让物业公司立刻向小燕补齐这 8000 多元的加班费差额。书记员小曹邮寄判决书的时候，和我开玩笑说："艾法官，你这加班 3 个晚上，就为了给这个女保安算加班费，那你这 3 个晚上的加班，谁来帮你算加班费呀？"

我一脸幽怨地瞅着他，说："小伙子，哪壶不开提哪壶，你不知道公务员是不适用《劳动法》的吗？"

### 案件启示录

1.《劳动法》第三十六条规定：国家实行劳动者每日工作时间不超过八小时、平均每周工作时间不超过四十四小时的工时制度。

《劳动法》第四十四条规定：有下列情形之一的，用人单位应当按照下列标准支付高于劳动者正常工作时间工资的工资报酬：

（1）安排劳动者延长工作时间的，支付不低于工资的百分之一百五十的工资报酬；

（2）休息日安排劳动者工作又不能安排补休的，支付不低于工资的百分之二百的工资报酬；

（3）法定休假日安排劳动者工作的，支付不低于工资的百分之三百的工资报酬。

结合上述法律条文可知：工作日的加班费，应该按照不低于1.5倍工资标准计算；休息日的加班费，应该按照不低于2倍工资标准计算；国家法定假日的加班费，应该按照不低于3倍工资标准计算。

各位朋友，如果你们公司的加班费没有按照这个标准计算的话，都可以通过仲裁、诉讼的方式进行主张。

2.原劳动部《工资支付暂行规定》第六条规定：用人单位必须书面记录支付劳动者工资的数额、时间、领取者的姓名以及签字，并保存两年以上备查。用人单位在支付工资时应向劳动者提供一份其个人的工资清单。

原劳动部于1994年发布的这一规定，属于国家的部门规章。各省结合该部门规章，也制定了类似的省级条例，比如《江苏省工资支付条例》第十七条规定：用人单位应当建立劳动考勤制度，书面记录劳动者的出勤情况，每月与劳动者核对并由劳动者签字。用人单位保存劳动考勤记录不得少于二年。

在用人单位面前，劳动者一般都处于弱势地位，特别是对于加班考勤记录，几乎没有劳动者可以存有相应证据。所以，法律将考勤记录这一举证责任倒过来，要求用人单位来提供考勤记录，这就是一个经典的"举证责任倒置"规定。

也正是因为这一规定，本案中的物业公司必须提供考勤记录这一关键证据，从而使得小燕成功维权。

3.原劳动部《关于贯彻执行〈中华人民共和国劳动法〉若干问题的意见》第四条规定：公务员和比照实行公务员制度的事业组织和社会团体的工作人员，以及农村劳动者（乡镇企业职工和进城务工、经商的农民除外）、现役军人和家庭保姆等不适用《劳动法》。

所以根据这一规定，公务员确实不受《劳动法》保护。

## 不给员工缴社保，公司要赔钱吗？

"这家黑心公司一直不给我缴社保，我要5万元的赔偿金！"原告老王一脸愤懑地看着被告公司。

"老王，你在我们公司做电工都十年了，大家一直客客气气的，你怎么突然就跑来告我们了？你这是被谁灌了迷魂汤？"被告是一家物业公司，今天来开庭的是一个胖胖的主管，一脸埋怨地看着老王。

听完这话，老王瞥了眼旁边的律师，嘴角蠕动了几下，但也没说什么。

老王身旁的律师推了推眼镜，接过话茬："法官，根据《劳动合同法》第三十八条、第四十六条、第四十七条的规定，公司未依法为劳动者缴纳社会保险，劳动者可以以此为由解除劳动合同，而且每工作满一年，公司就应该向劳动者支付一个月工资的经济补偿金。老王都在这家物业公司干了 10 年了，公司一直都没有给他缴纳社保，他一个月工资 5000 元，所以有权索赔 5 万元！"

"对对对，我就是这个意思！"听完律师的话，老王连忙点头应和。

我翻开卷宗，想看看这个案件的劳动仲裁是如何作的，结果只看到一份《仲裁终结通知书》。确实，根据法律规定，如果仲裁审理时间超过 60 天，当事人可以就仲裁事项直接向法院起诉，无须等待仲裁结果。

这意味着仲裁委确实可以不给出裁决结果就终结审理，这一点让我们法院好生羡慕。当然，既然超过 60 天都没能做出仲裁裁决，想必这个案件是有些复杂的。

在举证阶段，物业公司的胖主管拿出了一沓《兼职劳务合同》，一脸委屈地说道："法官，这也不是我们公司不给老王交社保，我们和老王之间根本就不是劳动关系嘛。您看看我们公司这十年和他的合同，都是《兼职劳务合同》，我们是约定老王在他正式工作的业余时间，来给我们兼职做电工的。所以，既然我们不是劳动关系，我们就不需要给他缴社保呀。"

仔细一看，还真是，老王和物业公司之间的合同一年一签，每一份都是"兼职合同"，而且都注明了是在老王"正式工作"之外的时间进行兼职。看完这个，我有点纳闷，问老王："你们电工怎么还能兼职呢？"

没等老王回答，胖主管先接过了话茬，说："法官，他们电工是比较特殊的，基本上所有的电工都是做一休二。物业公司需要电工一整天待在配电房里，以防整个小区的电路出问题，他们做了一整天之后，就可以休两天。但是很多电工觉得休两天太浪费了，于是都会去找另一份兼职工作，比如去另一个小区的物业公司做兼职电工，也是做一休二，这样一来，每个月30天，工作20天，休息10天，拿两份收入。"

"连着值班24个小时，接下来又去另一个小区的配电房再值班24小时，这也太辛苦了吧。"我听完有些惊讶。

"还好吧，他们电工值夜班的时候都是可以直接睡觉的呀，毕竟他们更多是一个应急的作用，真正出现状况的时候是比较少的。"胖主管看了眼老王，小心翼翼地解释道。

听完这些话，老王也没反驳。我问他是否如此，他也点了点头。

"据我们了解，老王在我们这里兼职，他的正式工作是在隔壁小区的物业公司的配电房，那家公司和老王签了正式的劳动合同，还给他缴了社保呢。"胖主管不紧不慢地继续说着，还拿出了老王的社保缴纳记录。

我一看，还真是，这十年来，老王的社保一直是由另一家物业公司正常缴纳的，看完后我有些无奈地和老王说："你这不是有社保的吗？同一个人在同一个城市，怎么可能缴两份社保呢？人家想帮你缴也缴不了呀，你凭啥还因为这个找公司要赔偿金呢？"

老王并没有回答我的问题，看了一眼旁边的律师，欲言又止。

看到这情况，我赶紧休庭，单独拉着老王和胖主管出来问话，老王一五一十地说："我也没想打官司的，都是这个律师，说是没有缴社保就可以索赔补偿金，最终如果获赔 5 万元的话，分他一半就行，前期也不用付律师费，所以我才来的。"

胖主管听完立刻说："老王你赶紧撤诉吧，回我们公司继续兼职上班，别整这些幺蛾子了。"

老王点了点头，但是又有点犹豫："要是那个律师不同意咋办啊？"

我被老王这话弄得哭笑不得，和他解释道："你自己就是当事人，你说了算，不需要律师同意。"

书记员小曹带着老王和胖主管去签撤诉笔录了，老王的律师好像还有些不高兴，我盯着他说道："风险代理啥时候能收 50% 了？"听完这话，那位律师立刻没了言语。

他们签完笔录都走了之后，小曹好奇地问我："为啥你一说风险代理收 50% 的事儿，那个律师就不说话了？"

我也推了推眼镜，笑着回道："因为《律师服务收费管理办法》中明确规定风险代理收费是不允许超过 30% 的，而且大部分的劳动争议案件是不可以采用风险代理方式的。劳动者的权益确实要保护，但权利要依法争取，不能成为某些人的摇钱树呀。"

**案件启示录**

1.《劳动争议调解仲裁法》第四十三条规定：仲裁庭裁决劳动争议案件，应当自劳动争议仲裁委员会受理仲裁申请之日起四十五日内结束。案情复杂需要延期的，经劳动争议仲裁委员会主任批准，可以延期并书面通知当事人，但是延长期限不得超过十五日。逾期未作出仲裁裁决的，当事人可以就该劳动争议事项向人民法院提起诉讼。

此前已经和大家普及过，劳动争议案件必须经过仲裁之后才能到法院起诉，但是有些劳动争议案件确实有些复杂，可能仲裁委无法在 60 天的期限内作出裁决，那么当事人可以不同意由仲裁委继续审理，直接就劳动争议向法院提起诉讼。这也就出现了劳动仲裁委"没有作出裁决结果，也可以终结审理"的情况。

当然，法官可就没有"撂挑子"的权利了，因为法院是不允许拒绝作出裁判的。这意味着，无论这个案件有多复杂，如果当事人坚决不调解也不撤诉，那么法院就必须要给出一份判决。

2.《中华人民共和国劳动合同法》（以下简称《劳动合同法》）第三十八条规定：用人单位未依法为劳动者缴纳社会保险费的，劳动者可以解除劳动合同。

《劳动合同法》第四十六条规定：劳动者依照本法第三十八条规定解除劳动合同的，用人单位应当向劳动者支付经济补偿。

《劳动合同法》第四十七条规定：经济补偿按劳动者在本单位工作的年限，每满一年支付一个月工资的标准向劳动者支付。六个月以上不满一年的，按一年计算；不满六个月的，向劳动者支付半个月工资的经济补偿。

综上所述，在一段劳动关系中，如果用人单位并未为你依法缴纳社保，那么你可以以此为由解除劳动合同，并且主张相应的经济补偿金。比如老王工作十年，每月工资 5000 元，那么相应的补偿金计算即为 5000 元 / 月 ×10 个月 =5 万元。

虽然在本案中，老王不可能同时收获两份社保，所以也不应该主张补偿金，但在正常的工作情况下，如果公司不依法给员工缴纳社保，大家都可以勇敢维权。

3.《律师服务收费管理办法》第十一条规定：办理涉及财产关系的民事案件时，委托人被告知政府指导价后仍要求实行风险代理的，律师事务所可以实行风险代理收费，但下列情形除外：

（1）婚姻、继承案件；

（2）请求给予社会保险待遇或者最低生活保障待遇的；

（3）请求给付赡养费、抚养费、扶养费、抚恤金、救济金、工伤赔偿的；

（4）请求支付劳动报酬的等。

《律师服务收费管理办法》第十三条规定：实行风险代理收费，最高收费金额不得高于收费合同约定标的额的 30%。而国家市场监管总局 2021 年 12 月颁布的《关于进一步规范律师服务收费的意见》还进一步将 30% 的上限降低至 18%。

律师的风险代理其实很好理解，因为有些当事人并不确定案件是否能够胜诉，担心自己花了很多律师费，但是最终又败诉，所以采用风险代理的方式，比如以胜诉标的额的某个比例作为律师费来进行支付。这样的规定，避免了当事人前期的诉讼成本过高，也督促律师更用心地完成代理案件。

但有些特定类型的案件是不允许律师采用风险代理模式的。此外，即使是符合规定的风险代理模式，也不允许律师费超过比例上限，本案中那位律师和老王约定 50% 的风险代理金额，自然是不符合规定的。

律师尽力为当事人争取利益，这自然值得鼓励，也符合我国社会主义法治建设的要求。但是，并非所有的案件都适合诉讼，律师作为法律共同体的一员，一方面应该鼓励当事人勇敢地维护自己的权利，另一方面也应该避免无意义的诉讼发生，更不能为了自身利益，去鼓动当事人提起一件本不愿提起的诉讼。

## 未签书面劳动合同，公司必须赔双倍工资吗？

"这个安娜就是个大骗子，仲裁委就是被她骗了，才会支持她双倍工资的！"老杨作为公司的老板，在法庭上指着安娜声嘶力竭地吼着。

"我进公司都快一年了，公司都没有跟我签劳动合同，我要求赔偿双倍工资很合理啊，有本事你把劳动合同拿出来啊！"安娜拿着胜诉的仲裁书，气定神闲地回应着老杨。

安娜和老杨的纠纷，还得从头说起。

2019 年 8 月，老杨开了家 IT 公司，原本只有几个人，经过两个月的发展壮大，渐渐有十几名员工了。于是老杨就准备招个专门的人事经理，月薪 8000 元。招聘信息放在网上之后不久，安娜就来应聘了。一看简历，之前在外企做过人事专员，沟通下来也觉得不错，老杨就把安娜招了进来。

2019 年 10 月刚入职的时候，安娜把人事工作做得也算是井井有条，十几个员工的劳动合同、社保、公积金、个税代缴、每月的工资条，都做得合规中矩，员工们对安娜这个人事经理也挺满意的。

但是 2020 年 9 月，安娜突然提出离职，并且以"公司未签劳动合同"为由，向劳动仲裁委申请仲裁，要求公司赔偿 2019 年 11 月—2020 年 9 月这 10 个月期间的双倍工资 8 万元。

按照《劳动合同法》的规定，如果用工超过一个月，却没有和员工签订书面劳动合同，那确实应该赔偿员工双倍工资。仲裁开庭时，仲裁员要求老杨的公司出示劳动合同，但是老杨去公司翻了半天，十几个员工的劳动合同都有，唯独找不到安娜的那一份劳动合同。

"安娜自己就是人事经理，她负责保管所有人的劳动合同，肯定是她偷偷把自己的那份劳动合同藏起来了！我们公司和每一个人都签了劳动合同的，怎么可能单单不和她签合同呢？"

但是劳动仲裁委并没有采信老杨的观点。由于公司确实拿不出劳动合同，所以劳动仲裁委直接认定老杨的公司没有和安娜签订劳动合同，因此裁决公司赔偿安娜 10 个月的双倍工资，8000 元 / 月 × 10 个月 =8 万元。

老杨当然不服仲裁，于是起诉到法院，案件分到了我手上，也就有了开头庭审时老杨声嘶力竭大吼的一幕。

作为主审法官，我也觉得很奇怪，为什么公司和十几个员工都签了劳动合同，偏偏和人事经理没有签呢？按理说，人事经理应该是最懂《劳动法》的，怎么可能容忍公司一直不和自己签合同呢？

安娜从容不迫地回答道："我之前一直和老板说要签合同的，但是老板就是不愿意和我签，我一个小小的员工，找个工作也不容易，哪有资格拒绝呢？现在进公司都快一年了，还不签劳动合同，所以我才辞职，才申请劳动仲裁呀。"

"我肯定和她签过劳动合同的！而且她自己就是人事经理，签订劳动合同本来就是她的工作职责！"老杨都快气疯了，在庭审中再次吼了起来。

"那明明是你不愿意签，我就算是人事经理，你不愿意给我的劳动合同盖公章，我有什么办法？"安娜依然慢悠悠地回答着。

我不禁问安娜："你一直说是老杨这个老板不愿意和你签劳动合同，你有没有什么证据证明呢？比如聊天记录里你有没有和老杨沟通过签劳动合同的事情，或者通话录音也行啊。"

"没有聊天记录，我都是口头和老板说的，而且我一个弱女子，哪有心机去录音呀。"

听完这话，法庭另一头的老杨已经准备跳起来骂人了，案件就此陷入了僵局，我选择先休庭，捋一捋思路，择日再继续庭审。

从一个法官的办案经验来看，我对安娜的陈述是持怀疑态度的，她作为人事经理故意隐匿劳动合同，然后再来索要巨额的双倍工资，这种可能性还是非常大的。但目前只有推论，没有证据，作为一个法官，我很难完全只通过推论来作出一个判决，那样的风险太大了。毕竟，在没有新证据的情况下，从理论上来说，安娜的说辞也确实有一定的可能性。

自己想不明白，那只能请外援了，我拿着这个令人头疼的案件向庭里的一位老法官请教，老法官抿了口浓茶，说："大概率就是人事经理故意把劳动合同藏起来了，但这种事儿吧，往往都找不到铁证，案子应该怎么判，就在你作为主审法官的一念之间喽，判驳回或是判支持，都行。"

我忍不住抱怨道："您这说了不和没说一样嘛，您是老前辈，肯定遇到过类似的案子，有没有什么妙招？传授一下嘛。"

老法官吹了吹茶杯里的茶叶，挑了挑眉毛："你去查查她的社保记录，我记得公司给员工申报社保的时候，需要提供劳动合同给社保部门备案的哦。"

听完这话，我兴奋地拍了拍老法官的胳膊："您有这招儿，怎么不早说！不愧是老'法师'，有绝活儿。"

后面的事儿就很简单了，社保部门果然有一份备案的劳动合同，上面很清楚地显示，2019年10月安娜刚入职的时候，老杨的公司就已经和安娜签了劳动合同，而且，社保还是安娜作为人事经理亲手办理的。

证据甩在安娜面前，一直云淡风轻的安娜脸上闪过一丝异样的表情，但依然不承认自己签过这份合同。我追问她办理社保时的细节，她也一直推说自己忘记了。不过这也无所谓，证据确凿的情况下，当事人是否承认，并不能改变案件的结局。

最终我自然是判决驳回了安娜的请求，老杨的公司无须向安娜支付 8 万元双倍工资。安娜不服，提起了上诉，二审的判决很快就下来了，驳回了上诉，维持了我的判决。

判决生效的那一天，老杨乐开了花，送了面锦旗过来，夸我明察秋毫，还他一个清白。书记员小曹把锦旗收进了书橱，略带好奇地问我："艾法官，如果社保部门不需要备案劳动合同，那咱们的线索不就断了吗？那这个案子你会怎么判呢？"

"结合整个案情，如果真的认定了一个结果，我们也可以通过证据的高度盖然性来做出判决，在还当事人一个清白这件事上，咱不能因为怕承担风险就不去做嘛。"

"啥是证据的高度盖然性？"

"以后有故事再告诉你。"

**案件启示录**

《劳动合同法》第八十二条规定：用人单位自用工之日起超过一个月不满一年未与劳动者订立书面劳动合同的，应当向劳动者每月支付二倍的工资。

根据这一条款，本案中如果公司真的没有和安娜签订书面的劳动合同，那么从安娜入职的第二个月，也就是 2019 年 11 月开始，公司每个月都应该向安娜支付"未签劳动合同的双倍工资"，也就是在已经支付的正常月工资 8000 元之外，再支付每月 8000 元的工资。当然，这种双倍工资也并非可以无限期计算，仅仅适用于工作的第一年。

　　《劳动合同法》之所以有这种规定，是因为用人单位和劳动者之间的权利义务关系，比如劳动期限、劳动报酬、劳动纪律等事宜需要通过书面的劳动合同来予以具体约定，如果用人单位利用强势地位，拒绝和劳动者签订书面劳动合同，那么劳动者就可以用《劳动合同法》第八十二条来主张维权。

　　当然，法律对劳动者和用人单位都是平等保护的，现实中，既有不给员工签书面劳动合同的黑心公司，也有像安娜这样倒打一耙的劳动者。我们既要维护劳动者的合法权益，也要保障合法经营的公司不受恶意刁难，法律面前并非"谁弱谁有理"，而是应该讲证据、讲道理。

　　在现实的审判实务中，像人事经理这类具有专业知识的劳动者，法院确实会对其科以更严格的证据要求。毕竟一家公司里，办理、签订、保存劳动合同本身就是人事经理的职责。除非有直接证据证明公司拒绝和人事经理签订书面劳动合同（比如和老板之间的聊天记录），否则法院很难采信"安娜"们的说辞。

## 竞业限制：真的假不了，假的真不了

　　"法官，要不是我们的客户偶然在千百度公司里看到小赖，我们都不知道小赖居然跳槽去了千百度！他从我们新浪潮公司离职的时候，明明签了《竞业限制协议》的呀！我们请求法院判决小赖赔偿竞业限制违约金 50 万元！"庭审中，原告新浪潮公司的法务愤然陈述着诉讼请求。

"你们胡说，我的当事人小赖从来没有入职过千百度公司，你说他违反了竞业限制条款，你有证据吗？"第一次开庭，被告小赖并没有亲自出庭，而是受小赖委托的胡律师出庭进行了答辩。

千百度公司和新浪潮公司，是苏城两家非常有名的软件研发公司，经营范围非常类似，都是做人脸识别软件研发的，是行业内的两大巨头。

和很多技术竞争非常激烈的行业一样，为了防止竞争对手恶意挖人，新浪潮公司也会和员工签订《竞业限制协议》，约定员工如果离职，在离职后两年内都不允许去业内的竞争对手公司任职，一旦违反了该《竞业限制协议》，那么违约的员工就要赔偿新浪潮公司违约金 50 万元。作为补偿，在离职的这两年内，新浪潮公司每月都将向员工支付离职前平均月工资的 1/3 作为竞业限制补偿金。

被告小赖入职新浪潮公司已经 5 年，后来升任研发部门的技术副总监，每月工资 3 万多元，这在作为二线城市的苏城，已经算挺高的收入了。他自然也和新浪潮公司签订了《竞业限制协议》，但在 2020 年 5 月，他突然提出了离职，说是要回老家去。2020 年 7 月，新浪潮公司却偶然发现小赖出现在了千百度公司……

"你说我们没有证据？我们现在就可以提供四组录像视频，都是 2020 年 8 月份拍的，分 4 天拍摄，可以很清晰地看到小赖就在千百度公司里工作，看你们现在还怎么抵赖！"面对胡律师的质疑，新浪潮公司的法务当庭提交了一份光盘。

当庭打开光盘，还真是小赖，身穿短袖，在格子间里和旁边的人有说有笑的，视频中千百度公司的logo清晰可见。

胡律师看到光盘，倒是不紧不慢地说："法官，这是原告当庭提交的证据，我方需要庭后核实。"

于是我只能休庭，并且要求被告小赖本人下次必须到庭，便于当庭对质、查明真相。

休庭之后，我有点不理解地询问新浪潮的法务："你们这个录像证据，为什么今天当庭才提供呢？为什么藏到现在？"

新浪潮的法务回答得很干脆："法官，你有所不知，小赖那边是很会抵赖的，如果我提前提供了，他们肯定会准备一套说辞，突然提供的话，他们就没有时间编谎话了。我们本想让小赖当庭解释为什么会出现在千百度公司，只是没想到今天小赖本人没来，唉，我估计第二次开庭的时候，他们已经编好借口了。"

对于新浪潮法务的说辞，我半信半疑，不过我还是挺好奇地继续问道："你们是如何进到千百度公司内部拍到这些录像的？"

"为了拍这个视频，我们专门派了个阿姨去应聘千百度公司的保洁。"

好嘛，一个竞业限制纠纷，硬生生给弄成谍战片了。

第二次开庭时，小赖本人来了，对于视频录像的事，他给出了一个惊人的解释："我当时是代表贵州老干妈食品公司去洽谈业务的。"

这个解释听得我目瞪口呆，我追问道："一个食品公司和一个人脸识别软件公司能谈什么业务？"

"老干姑食品公司需要购买人脸识别软件来做考勤嘛，毕竟我以前就是做这类软件研发的，公司派我去和千百度公司洽谈软件的采购，也很正常啊。"小赖胸有成竹地回答我的问题。

"你离职后去了老干姑食品公司？你一个做软件的，去卖食品？"

"对啊，这不是有竞业限制协议吗，我肯定会遵守啊。"

"那视频里面你坐在千百度公司的工位上干什么？"

"我借用他们的办公桌打材料呀。"小赖笑着继续回答我的问题。

我有点被噎住了，换了个思路盘问："你是怎么入职老干姑公司的？网上招聘，朋友推荐，还是别的方式？"

听完这个问题，小赖有了些迟疑，他看了一眼身边的胡律师，然后说道："呃，好像是网上招聘。"

"哪个网站？"

"不记得了……"

面对小赖打太极的回答，我继续换思路盘问："你的工资是怎么发的？银行转账还是现金发放？"

"呃，好像是现金。"小赖结结巴巴地说道。

"谁发给你的？还有，你的上司是谁？"

"我不记得了……"小赖又一次打起了太极。

"你连你的上司名字都不记得？"我厉声问道。

小赖陷入了短暂的沉默，然后憋出了个名字："李四四。"

鉴于后来的庭审中，一问到关键问题，小赖就以"我不记得了"来搪塞，所以继续询问也没有意义。这次庭审结束后，我的好胜心被这位抵赖到底的小赖给彻底激发了，我决心一定要找到铁证，揭示真相。

我先从社保记录、个税代缴记录、公积金缴纳记录查起，因为此前就有类似的竞业限制纠纷，就是从这些记录中找到了竞争对手公司与劳动者之间的蛛丝马迹。但这一次我并没有收获：小赖从新浪潮公司离职后的社保、公积金都是专门挂靠社保的公司代缴的，看不出半点千百度公司的痕迹。

不死心的我，去银行调取了小赖的银行流水，想看看银行流水里有没有千百度公司和他的往来。在等银行寄流水过来的时候，我接到了新浪潮公司法务的电话："艾法官，我们有一个重大的发现！小赖提到的他的领导的名字叫李四四，而我们在千百度公司的公众号上发现，千百度公司的法务名字也叫李四四！"

更加有趣的是，虽然从小赖的银行流水中并没有看到千百度公司的痕迹，但我发现了一笔由"李四四"转账给小赖的 5 万元汇款，而且收到汇款后的当天，小赖就把这 5 万元转账给了他聘请的胡律师所在的律师事务所。

这意味着小赖这场官司的律师费，很可能就是千百度公司帮他出的。

我拿着银行流水去千百度公司调查，他们公司的法务还真叫"李四四"。我把银行流水摆在李四四的面前，问她是不是给小赖汇款了。

"是的，确实是我汇的。"对于汇款事实，李四四倒没有否认。

"那你作为千百度公司的法务，为什么会给一个曾经任职于新浪潮公司的员工汇款，而且刚好是在新浪潮公司起诉他的时候？"

"我不方便回答。"李四四直接拒绝了我的提问。

但这并不重要，毕竟面对铁证的时候，零口供也逃脱不了法律的惩罚。

最后一次庭审中，我把银行流水摆在了小赖面前，我倒是挺想听听，这一次，他会如何解释。

"啊，你问这个李四四为什么要给我汇款啊？我不记得了。"

我就猜到他会是这句话。

最终，虽然小赖打死都不承认自己违反了《竞业限制协议》，但我依然认定他确实入职了千百度公司，并判决小赖赔偿新浪潮公司 50 万元违约金。后来小赖提起上诉，二审也维持了我的判决。

## 案件启示录

1.《劳动合同法》第二十三条规定：对负有保密义务的劳动者，用人单位可以在劳动合同或者保密协议中与劳动者约定竞业限制条款，并约定在解除或者终止劳动合同后，在竞业限制期限内按月给予劳动者经济补偿。劳动者违反竞业限制约定的，应当按照约定向用人单位支付违约金。

这就是技术研发领域常见的"竞业限制条款"，这主要也是为了保护商业秘密和社会新技术的研发。因为很多新技术的研发需要公司企业投入大量的资金成本，如果放任技术人员被竞争对手刻意挖走而不予以惩罚，那么基本上不会有哪家公司愿意投入资金去研发新技术，都等着花钱挖人就行了，这很显然不利于社会的科技进步。

互联网行业尤其如此，我国的互联网行业十几年来的蓬勃发展，与行业技术的不断创新是紧密相关的。从 QQ 到微信，从微博到抖音，从刷卡支付到刷脸支付，其中的技术迭代数不胜数。如果放任各大互联网公司互相"挖墙脚"，那么我们或许就很难再看到技术创新和模式创新了。

因此，对竞业限制纠纷案件的妥善办理，也正是法律为社会经济发展、构建营商环境所提供的司法保障之一。

2. 在"零口供"的情况下，本案最终依然认定小赖入职了千百度公司，并且判决小赖支付 50 万元的赔偿金，这里就用到了之前故事里提到的"证据的高度盖然性"。

大概意思就是，在没有直接证据，或者说现有证据不能百分百得出必然的结论的情况下，如果一方当事人提出的证据已经证明该事实发生具有高度的盖然性，法院依然可对该事实予以确定。

本案中虽然小赖百般抵赖，面对每一份证据，要么给出云里雾里的解释，要么推说不记得了，我们就要分析小赖的辩解是否可能为真。

而在进一步的调查过程中，小赖的辩称越来越离谱，而更多的证据都表明小赖入职了千百度公司这件事的可能性更大，更具有高度的盖然性，所以法院就可以从"证据的高度盖然性"的角度直接认定事实，作出判决。

## 公司欠薪，赔付金额怎么算？

"我自己去学了《劳动法》，发现除了能要回拖欠的工资，居然还能多要 2 万块的经济补偿金，这法律学得真值。"小刘在法庭上笑嘻嘻地说。

不过小刘在本案中并不是原告，而是被告。

事情要从两年前说起，小刘在刚毕业的时候就进入了苏城的一家 IT 公司做软件工程师，虽然工资水平和北京、上海比不了，但刚毕业就能拿 1 万元月薪，这在苏城已经算是不错的收入了。

一晃两年过去了，小刘所在的这家 IT 公司发展得不算太好，按道理来说，工作两年的小刘写代码的技术日渐长进，也开始学着带个小团队做一些小项目了，薪资应该有所增长，但小刘的工资还是和两年前一样。看着当初一起毕业去了北京、上海的同学，有的工资都已经翻番了，小刘深感郁闷。

屋漏偏逢连夜雨，小刘所在的公司接连几个项目都失败了，公司财务陷入了危机，居然连正常的工资都发不出来了。在被接连拖欠三个月的工资之后，小刘实在扛不住了，向公司提交了辞职信。

但在离职之前，年轻的小刘把和劳资纠纷有关的法律都看了一遍。被《劳动合同法》第三十八条所启发的他，在辞职信中留了一手：他明确写明了"因为公司欠薪 3 个月，未及时足额支付劳动报酬，多次催讨未果，所以要求解除劳动合同，并要求公司支付补偿金"。

公司估计是忙着解决那几个失败的项目，收到辞职信之后也没回应小刘，于是小刘就申请劳动仲裁了，要求支付拖欠的 3 个月工资 3 万元及经济补偿金。补偿金的计算方式，是月平均工资 ×N，这里的 N 就是在该公司工作的年数，小刘在这家公司工作了两年，所以补偿金就是 1 万元 ×2=2 万元。

很快，仲裁书就下来了，仲裁委支持了小刘全部的诉讼请求。这下公司才觉得事情好像有点严重，他们不服仲裁结果，起诉到了法院。这么一来，公司就成了案件的原告，小刘成了被告。

庭审中，小刘有些不满地对我说："法官，我记得我之前看《劳动合同法》，好像仲裁是一裁终局呀，只有我们劳动者才能不服仲裁提起诉讼。公司不服裁决的话，只能去中级人民法院申请撤销，不能来基层法院提起诉讼呀。"

我听完笑了，这小刘又是只学了个半吊子，于是和他解释道："法律确实规定了对于追索劳动报酬、工伤医疗费、经济补偿或者赔偿金等案件，是由仲裁委一裁终局，但是有个前提，是这些案件的争议金额不超过当地月最低工资标准的 12 倍。解释一下，比如在苏城，现在的每月最低工资标准是 2020 元 / 月，12 倍就是24 240 元，那么对于 24 240 元以内的金额确实是一裁终局，如果不服裁决，也只有劳动者有起诉权，公司是不可以起诉的，就算真的裁决错误，那也只能申请中院撤销。但你这个案件金额都有5 万元了，早就超过了一裁终局的标准，所以对于裁决，公司当然也是可以提起诉讼的。"

小刘听完，又拿着手机查了查法条，发现确实如此，于是点了点头，也不再说话。

这时公司的法务说话了："小刘啊，你进公司也两年了，公司之前发不出工资来，也确实是因为做了几个失败的项目导致经营困难，不是故意不发工资的呀。根据《江苏省工资支付条例》的规定，用人单位如果确实是生产经营困难的话，是可以延期支付工资的，不属于无故拖欠工资，所以这个补偿金我们也可以不支付的。"

小刘听完有点蒙，问我："法官，还有这种规定？我咋之前看法律条文没见到过？"

于是我又给他普法："劳动争议所涉及的法律法规是特别繁杂的，除了《劳动法》《劳动合同法》这种由全国人大及常委会制定的法律，国务院、国家部委及各省人大制定的很多条例、部门规章及地方性法规，也都对劳动争议进行了很细致的规定，所以劳动争议要学的法律法规特别多，不是你自己上网学几天法律就能吃透的。"

但是话说回来，虽然这家公司的法务辩称得有些道理，但是他提到的这则规定也只讲了一半。我盯着这位法务说："你提规定只提一半不太好吧，按照《江苏省工资支付条例》的规定，就算真的是经营困难，要延期发工资，也需要征得单位工会的同意才行，而且延期发工资也是有时间限制的，我们江苏最长时间不能超过……"

"好了好了，法官，您别说了，我们付还不行吗？但是小刘啊，看在公司当时确实经营状况不太好的分儿上，这经济补偿金能不能少点？毕竟，以后大家都还在IT圈里混，离职也不用搞得太难看了吧？"眼看着我就要说出关键性的条文规定，那位法务赶紧打断了我的话。

由于公司确实理亏，而小刘也考虑到公司确实是经营不善，并非恶意拖欠，今后自己毕竟也还要在 IT 圈里工作，不想和公司闹得太僵，所以最终双方还是达成了和解。公司支付了欠付小刘的 3 万元工资，还支付了 1 万元的经济补偿金，双方也算是好聚好散。

发完调解书，书记员小曹又一次好奇地问我："艾法官，刚才你说了一半就被那个法务打断了，那根据我们江苏的规定，如果确实经营困难，而且工会也同意延期发工资，那这个最长时间不能超过多少天呀？"

"我们江苏的规定是最长不超过 30 天，其他很多省市比如北京也是规定不能超过 30 天，所以这家公司拖欠了 3 个月工资，确实无从辩驳。"

"艾法官，办理劳动争议案件要学的法规也太多了吧？"小曹听完有些感叹。

我挠了挠头，不禁对我目前还算茂盛的头发有些担忧。

**案件启示录**

1.《劳动合同法》第三十八条规定：用人单位未及时足额支付劳动报酬的，劳动者可以解除劳动合同。

《劳动合同法》第四十六条规定：劳动者依照本法第三十八条的规定解除劳动合同的，用人单位应当向劳动者支付经济补偿。

《劳动合同法》第四十七条规定：经济补偿按劳动者在本单位工作的年限，每满一年支付一个月工资的标准向劳动者支付。六个月以上不满一年的，按一年计算；不满六个月的，向劳动者支付半个月工资的经济补偿。

很多员工在面对欠薪时，除了通过仲裁和诉讼的方式讨薪，其实还可以像本案中的小刘一样，以欠薪为由解除劳动合同，从而在追讨欠薪之外，再主张相应的补偿金。

2.《江苏省工资支付条例》第三十九条规定：用人单位确因生产经营困难，资金周转受到严重影响无法在约定的工资支付周期内支付劳动者工资的，应当以书面形式向劳动者说明情况，在征得工会或者职工代表大会的同意后，可以延期支付工资，但最长不得超过三十日。

虽然并非一旦公司拖欠工资，就可以立刻以此为由解除劳动合同并主张补偿金，法律法规也给予了公司因经营困难导致拖欠工资的申辩机会，但在审判实务中，需要公司对此予以举证，并且规定了最长的延期支付工资的时间。毕竟，再怎么经营困难，也不能成为公司无限期欠付工资的理由。

所以，不要惧怕诉讼中对方的抗辩，当自己合法权益受到损害时，勇敢去维权吧，法律的保护比你想象的还要细致。

3.《劳动争议调解仲裁法》第四十七条规定：对于追索劳动报酬、工伤医疗费、经济补偿或者赔偿金，不超过当地月最低工资标准十二个月金额的争议，除本法另有规定外，仲裁裁决为终局裁决，裁决书自作出之日起发生法律效力。

　　《劳动争议调解仲裁法》第四十八条又规定：劳动者对本法第四十七条规定的仲裁裁决不服的，可以自收到仲裁裁决书之日起十五日内向人民法院提起诉讼。

　　这两则法条的规定很有趣，对于金额较小（不超过当地月最低工资标准的 12 倍）的常见劳动争议案件，仲裁是一裁终局的，公司就算不服仲裁结果，也不能向法院提起诉讼，只能向中院申请撤销；但是劳动者如果不服仲裁结果，却有权直接起诉。这一差异化的规定，也体现了我国法律对劳动争议纠纷中相对弱势的一方的保护。

## 做伪证的"弱势群体"

　　一位年近 60 的老大爷，去年刚从老家来苏城打工，当了 3 个月保安，每月工资也有 4000 多元。后来因为同宿舍的工友拿了他两个鸡蛋去做饭，他就报警了。

　　为了俩鸡蛋就报警说盗窃，民警来了也有点蒙，工友很是无语地说："你这鸡蛋多少钱我赔给你就是了。"

　　老大爷说："不行，我就要我的鸡蛋。"

　　工友去买了俩鸡蛋赔他之后，没过多久老大爷和工友就都辞职了。干得不开心了就走，这也挺常见，毕竟保安这个行业的人员流动性一直很大，物业公司也都存有两人亲笔签字的离职申请。

半年后，不知道是被谁撺掇，老大爷来打官司了，说是物业公司违法开除了他，因此索要 4 万多元的违法开除赔偿。更离奇的是，老大爷居然还主张 7 万多元的欠付工资。

我问他："你这 7 万多元咋算的？你就工作了 3 个月，哪能欠付 7 万多元工资？"

老大爷脸上满是岁月的痕迹，他一脸坚毅地说："我从去年辞职到现在一年多都在和被告公司打官司，所以这一年多被告公司就得给我继续发工资。"

我被这逻辑震惊了，问他："这是哪位大仙给你画的大饼啊？谁跟你说自己主动申请辞职之后公司还得给你正常发工资啊？而且你既然是主动辞职，哪来的违法开除赔偿啊？"

老大爷耿直地说："是律师告诉我的。"

我怒视着老大爷身边的律师，正准备问他为啥忽悠当事人，这位律师赶紧摆摆手说："他真不是咨询的我，我是免费的法律援助律师啊，我也和他说过这种诉请是不可能得到支持的，好像是他老家的律师给他画的大饼。"

我问老大爷："那你咋不请那个给你画大饼的律师帮你打官司啊？"

老大爷耿直地说："老家那个律师要收我钱啊，苏城的法律援助律师是免费的啊，我花那钱干吗？"

全然不理会旁边尴尬的法援律师和感叹不已的我，老大爷向我举证了一份证据，上面是 7 个工友证人的证言，这些工友都为他证明物业公司是违法开除了他。

拿到这份证言我就觉得不对劲，这 7 个人的签字笔迹咋都一样？于是问老大爷："这 7 个人的签名是谁签的？"

老大爷脸一红，略带慌乱地说："他们不会写字，所以都是我签的，但是手印都是他们按的。"

我将信将疑地拿给物业公司质证，物业公司的主管当即就说："这手印肯定是伪造的，因为这些人的名字都写错了，有谁会在自己的错误名字上按手印呢？"

我怒目而视，问道："这是怎么回事？"

老大爷手一摊："手印也是我按的，当时我写完材料，工友不愿意签字按手印，所以我只能帮他们签字按了手印。"

我真的是被气得没话说了，真是从未见过提供伪证居然还能这么理直气壮的当事人，我嗓门提高了八度："你怎么敢堂而皇之地在法院提供伪证呢？！"

老大爷嘻嘻一笑，一脸无辜地说："哎呀，我不懂法嘛！"

我又气又好笑："不能做伪证、不能说谎，这种事还需要懂法才知道吗？这是基本道德啊！这是做人的基本原则啊！你这种做伪证的行为，法院可以对你处以 10 万元以下的罚款以及司法拘留，你知道吗？"

听完这话，老大爷略显呆滞的脸低了下去，往凳子上面一坐，抽了抽鼻子，头别了过去，望向角落。

面对这种当事人，我只能先休庭，回办公室喝口水平复一下愤怒的心情。

法庭外，物业公司的两个主管正在那儿透气闲聊，看我过来，笑了笑说："法官，你算是明白为啥我们公司容不下这尊大佛了吧？"

气归气，我总归还是要问问物业公司对这个案件的意见。其中一个胖主管说："法官，我知道这个案件法律上我们肯定是胜诉的，但是这人实在太难缠了。我们公司总部在外地，所以仲裁、一审、二审都要派我们从外地过来，每一趟光差旅费就上千了。我们愿意花钱消灾，以后不想和这人有什么纠葛了。"

了解完物业公司的态度，回到法庭。老大爷看我进来，讪笑着说："法官，这也是之前我们老家那个律师教我的，他说证人做证要 10 个人以上才有用，我又找不到那么多工友，所以才自己签了名字。在你们苏城请个律师起步就要三五千，我确实出不起，本来过了年还想继续出去打工，但是实在找不到工作，所以只能继续和物业公司打官司了。我也不是真想做伪证，我是真不懂啊，我知道我错了。"

我这时定睛细看老大爷的脸，瘦削的脸上沟壑纵横，一望便知生活过得不易，真要罚他 1 万元，他也拿不出来，拘留个三五天，估计他也无所谓。

算了，毕竟物业公司也想和平解决纠纷。最终经过双方协商，物业公司自愿象征性给了 2000 元人道主义补偿，案件以调解结案，双方都算满意。

当然，我也没忘了在笔录中对大爷进行司法训诫，对于这种提供虚假证据的行为，罚款拘留可以，训诫也是可以的，总归不能不了了之。

一线的审判工作中，我也时常会接触到一些并不守法的"弱势群体"。这类人群，说他们可恨吧，有时又觉得他们可怜；说他们可怜吧，有时他们的所作所为，又真是够可恨的。

## 案件启示录

1.《民事诉讼法》第一百一十四条规定：伪造重要证据，妨碍法院审理案件的，可以视情节轻重对其予以罚款、拘留；构成犯罪的，依法追究其刑事责任。

所以，按照法律规定，是可以对本案做伪证的老大爷进行罚款或拘留的。当然，这里的法律规定用词是"可以"而不是"应当"，所以法院可以视情节轻重而自主调整处罚的方式，可以予以罚款或拘留，也可以仅予以训诫（类似于警告），这也是法官自由裁量权的一种体现。

2.《最高人民法院关于民事诉讼证据的若干规定》第六十八条规定：无正当理由未出庭的证人以书面等方式提供的证言，不得作为认定案件事实的根据。

在本案中，虽然老大爷确实提供了伪造的证据，但他伪造的水平过于拙劣，属于"一眼假"。而且即使书面证言的签字是真实的，证人也应该亲自出庭向法院说明情况，接受法院以及双方当事人的质询。如果证人只是在书面证词上签个字而拒不出庭，那么这份书面证词法院是不会采信的。

所以说，老大爷这次的伪证其实也并不会导致很严重的后果，加上物业公司也想息事宁人，这也是为什么最终只对他进行了训诫，而不是罚款或拘留。当然，如果伪造的证据是一张真假难辨的借条或者收据，那可就不会如此轻易地放过了。

3. 在一线的审判工作中，会接触到大量的"弱势群体"，他们中的很多人，都具有正直、勤劳、善良的优良品质，但可能只是因为文化程度不高、法律意识不强，所以才会不知道如何维护自身的合法权益。这些人，也正是我们需要进行司法援助、法律帮扶的对象。

然而"弱势群体"中也有一小撮人，他们贪婪、狡黠、胡搅蛮缠，也时常在违法的边缘不断试探。当他们违法时，你罚他款吧，他浑身上下也没一个铜板，罚款只会变成一纸空文；你拘留他吧，他也无所谓，和短暂失去自由比起来，说不定罚款还更让他害怕一些。如何处理这些"滚刀肉"，还真是个让人头疼的问题。

第六章

# 结个婚，把挠头的事都捋一捋

## ⚖ "性权利"没有得到满足，能离婚吗？

"法官，我老公他那方面不行，我要求离婚。"

原告阿丽平静地说出了这句话，全然没有注意到我脸上略显的尴尬。

阿丽起诉阿强离婚纠纷一案，是我办的第一个离婚案件。那年我才 25 岁，刚当上承办法官，还没结婚，案子也还没办过几个。

虽然这不是我熟悉的领域，但是案件还是要审的。阿丽说完诉讼请求之后，我问她有没有什么证据要提供，阿丽摇了摇头。于是接下来就是阿强举证的环节。

阿强说："我身体很好的，我要举证体检报告、睾丸 CT 扫描报告……"

当时负责庭审记录的书记员小周是个刚毕业的女孩子，虽然也没见过这情形，但也客观地记录着：证据 1. 体检报告；证据 2. 高温扫描报告……

这时阿强高声说："书记员，你打错了，不是'高温扫描'，是'睾丸扫描'。"

小周一下子脸都红了，阿强倒也没管那么多，继续说道："法官，你看看，我医院的各项报告都是正常的，连精子活力我都检测过了，都是正常的。她就是没事找事，瞎说八道的。"

我翻了翻证据，医院的各项报告、各项指标都显示阿强是正常的。阿丽一方面坚持说阿强不行，另一方面又没有提供任何证据，我们法院就很难采信她的说辞了。不过，在婚姻中，如果男方完全无法进行夫妻生活，也确实对女方很不公平。

于是，秉承谨慎查明事实的原则，我向阿丽提出了一个关键的问题："阿丽，你们结婚至今多久了？有没有过夫妻生活？"

阿丽撇撇嘴，说："结婚小半年了，夫妻生活还是有的。"

"那你说的他不行是指？"

"就是不行啊，在过程中我感觉他不太行啊。"

这时还没等我继续问下去，阿强突然把桌子一拍，气呼呼地对我说："法官！既然她说我不行，那我请求给个机会证明一下！"

书记员小周一下没忍住，"扑哧"一声笑了出来。我一脸无奈地把这个庭开完，心里暗想：现在的当事人真是什么都敢说。

庭后，还没结过婚的我，拿着卷宗就去请教庭里的老法官，一位办理过一千多件离婚案件的老法官听完之后，笑了笑，然后拍了拍我的肩膀说："你查得已经够细致了，这个女方又一点证据都没有，再说人家也确实有夫妻生活，以我的经验啊，这个案件很大可能就是小两口闹矛盾，只是这个离婚理由确实有些难听了。"

最终我思考再三，驳回了阿丽的离婚诉请。但是我心里想，如果她今后又来起诉，那不管她说的理由是不是真的存在，那鉴于她坚持要离婚的情况下，也可以认定他们夫妻感情确实已经破裂，也就可以判决离婚了。

不过后来阿丽倒是再也没来起诉离婚了，而两年后，我偶遇了阿丽当时的律师。聊起当初这个案件，这位律师笑着说："他们啊，回去就和好了，今年刚生了个大胖小子呢。这婚姻啊，当时行不行，谁也不好说；如果现在能行，那也不错了。"

## 案件启示录

婚姻自由既包含结婚自由，也包含离婚自由。

《民法典》第一千零七十九条规定：夫妻一方要求离婚的，可以由有关组织进行调解或者直接向人民法院提起离婚诉讼。人民法院审理离婚案件，应当进行调解；如果感情确已破裂，调解无效的，应当准予离婚。

如何认定"夫妻感情破裂"，需要法院结合很多具体情况来予以考量。

虽然"性权利"并未写入《民法典》的婚姻家庭编，但如果本案中阿丽的说辞真的有证据予以佐证，那么也可以作为影响夫妻感情的一项重要因素。

能否提供足够证据佐证"夫妻感情确已破裂"，是离婚诉讼中非常重要的一点。

很多朋友认为要法院判离婚很难，这里面其实有两方面的原因：一方面确实有很多夫妻只是因为一时冲动才提出离婚，而法院的判决一旦做出就无法收回，所以对于是否认定夫妻感情破裂从而判决离婚，法院一直都更偏向于持谨慎态度；另一方面就是证据问题，很多人在离婚诉讼中痛斥对方出轨、家暴、吸毒等劣迹，但是又无法提供相应证据来证明，对方又不承认，那法院也无法直接采信这些说辞。

因此，如果真的已经做出了离婚的决定，那么及时收集相关证据，将有利于更快地通过诉讼实现离婚的诉求。

## 结婚未同居，分手还能要回彩礼钱？

"法官，她结了婚都不让我碰，那我肯定要离婚的，而且 288 000 元的彩礼我也要她还给我，她就是个骗子！"

原告老刘显得有点激动，我看了看诉状，老刘 40 岁了，做点建材生意，离过两次婚，但是一直都没有孩子。老刘嘴里的"骗子"是他现在的妻子小洁，今年 28 岁，在苏城的一家电子厂上班。

小洁是和她妈妈一起来出庭的，庭前她们就说得很明确：婚可以离，但是彩礼一分钱都不能退。

小洁的妈妈冲我嚷道："法官，我懂法律的，我知道要是没结婚的话彩礼是要还的，但是我女儿都和他领了结婚证，婚礼酒席都摆了，彩礼我们肯定是不用还的！"

开庭时，老刘大倒苦水：老刘和小洁都是邻省人，半年前经人介绍认识，老刘求子心切，虽然小洁文化不高，工作也一般，但毕竟比自己小一轮，又是老乡，所以老刘就殷勤地追求小洁，也花了不少钱。

小洁也没说答不答应，而是直接搬出父母来谈婚论嫁，小洁妈妈开口就是 20 万元彩礼，能答应就直接结婚。这个金额虽然不小，但老刘也出得起，想到自己也算是老牛吃嫩草了，老刘很爽快地转账付款了。

结果在接亲的时候出了个岔子，小洁的妈妈非要老刘再拿 88 000 元的现金作为接亲彩礼，老刘火急火燎地去取了钱，也付了。结果婚礼办完，老刘准备入洞房的时候，小洁跑了。她继续在自己电子厂的宿舍里住着，不管老刘怎么找她，她就是不露面。电子厂宿舍是封闭管理，老刘硬闯也不行，于是只能来起诉了。

小洁这做法也是让人看不明白，于是我问她："既然你不想和老刘过日子，那你为啥去和他领证结婚呢？"

小洁倒也干脆："我都 28（岁）了，我爸妈一直催我，其实我也没看上老刘，但我妈说他是做生意的，能给 20 万（元）彩礼，看在这分上我才愿意和他结婚。但是婚礼上我朋友都说我嫁了个老头，所以我就跑了。"

听完这话，我望向确实略显沧桑的老刘，他脸上有些挂不住了，嚷嚷道："什么 20 万（元）？明明我一共给了 288 000（元），还没和你算三金那些东西。认识你到现在你都没有让我碰一下，你摸着良心说，是不是至少应该把彩礼钱还给我？！"

我打断了双方的争吵，重点问了问小洁："你至今都没有和他有过夫妻生活？也没住一起吗？"

小洁翻了个白眼说："谁想和这老头睡一起？我没和他住一起过，我一直都住在电子厂的宿舍里，他可别想毁我清白。"

那这个事情就简单了。小洁和她妈妈虽然自称懂法律，可惜只懂了一半：双方未办理结婚登记手续的，彩礼确实要返还；即使办理了结婚登记手续，如果双方确实没有共同生活，离婚时彩礼也应该返还。

我把相应的法律法规拿给小洁和她妈妈看了看，她们俩有些泄气，但小洁的妈妈依然嘴硬地说："我们只拿了他转账付的 20 万（元）彩礼，他说的另外 88 000（元）我们可没拿。"

但是，老刘拿出了当时的婚礼录像，以及婚礼当天自己的取款记录。

小洁的妈妈彻底不吱声了，开始和老刘协商能不能少退一点，否则如果小洁想要拖时间的话，一审之后也能上诉。老刘不想案件被她们拖到二审，也想早点离婚，于是双方最终就 24 万元的调解金额达成一致。

庭审结束之后，我好奇地问老刘："你难道都没有发现她自始至终都不喜欢你吗？就这样你还愿意拿出 20 多万（元）的彩礼？"

老刘叹了口气："我以为感情是可以培养的，只是没想到，她们眼里只有钱。"

---

### 案件启示录

现行的《最高人民法院关于适用〈中华人民共和国民法典〉婚姻家庭编的解释（一）》第五条规定：当事人请求返还按照习俗给付的彩礼的，如果查明属于以下情形，人民法院应当予以支持：

（1）双方未办理结婚登记手续；

（2）双方办理结婚登记手续但确未共同生活；

（3）婚前给付并导致给付人生活困难。

适用前款第二项、第三项的规定，应当以双方离婚为条件。

所以，双方未办理结婚登记手续的，可以要求对方返还彩礼；即使办理了结婚登记手续，如果双方确实没有共同生活，那么在双方离婚时，也可以要求对方返还彩礼。

彩礼其实是一个比较敏感的话题，各地风俗不同，目前在我国仍大量存在，所以法律对此也进行了明确的规定，基本的原则就是在一起过日子了，那彩礼不退，没一起过日子，那彩礼还是能要回来的。

其实，婚姻本应建立在双方感情的基础上，而非建立在彩礼的基础上，就算真的要给彩礼，那也更应该是留给小夫妻们的人生启动资金，而不是女方父母"出售女儿"的价款。如果谁给的彩礼高就和谁结婚，或者因为彩礼在婚前就闹得不愉快，那么在步入这样的婚姻之前就应该更加慎重，毕竟，在结婚时就能因为彩礼而斤斤计较，在离婚时更会因为分割财产而锱铢必较。

## 🔨 夫妻共同债务"水"很深，签字需谨慎

一个女人在我审案的法庭上泣不成声。

她叫阿珍，是案件的两位被告之一，另一位缺席的被告是她的

前夫阿进。

阿珍和阿进恋爱 5 年，一直都没结婚，毕竟游手好闲的阿进也没啥正经工作，阿珍的父母一直都很反对这门亲事。不过，后来阿珍意外怀孕，眼见着生米煮成熟饭，才最终领证结婚。

女儿出生后，原以为当了父亲的阿进能收收心，结果他依旧是吊儿郎当，让他去找工作也是三天打鱼两天晒网，柔弱的阿珍看在眼里，急在心里，天天盼着丈夫能有点上进心。

几年后，阿进突然号称要创业，需要贷款一大笔钱作为启动资金，而且银行要求他们夫妻双方共同签字借款。阿珍心里一时没了主意，一方面丈夫这么多年终于看着有些上进心了；另一方面贷款创业的风险也挺大的。这时有些亲戚来劝她：给这个男人一个机会吧，游手好闲多年，能想好好做事情就不容易。于是，阿珍在共同借款人处签字，拿两人唯一的一套房子做抵押，借了 50 万元。

钱进了阿进的账户以后，他突然就开始不着家了。3 个月后，阿珍发现阿进其实在外一直有一个小三，而且已经带出来和所有朋友见过面，只有阿珍一个人被蒙在鼓里。这 50 万元，到底有没有拿去做生意，又或是用来花天酒地了，还真不好说。

绝望的阿珍终于选择了离婚，但噩梦并没有结束。之前借的那笔 50 万元到期后，银行先是催了几个月，起初阿进还会敷衍两句，后来直接消失不见了。银行只能把阿珍和阿进一起起诉了，于是就有了开头的那一幕。

庭审中，哭了半晌的阿珍对我说："法官，我和阿进离婚的时候，明明写清楚了所有债务都是阿进还，为什么现在银行还来起诉我呢？"

我看了看阿珍举证的离婚协议，上面确实写有"所有债务归男方，房子和女儿抚养权都归女方"。但是按照法律规定，阿珍和阿进之间的约定，只在他们俩之间有效，是无法对外对抗银行这样的债权人的。不过，阿珍还清这笔借款之后，可以拿着这份离婚协议去找阿进追偿。

听完我的法律释明之后，阿珍摇摇头说："阿进肯定没有钱，其实我也没有钱，现在也就剩这套抵押借款的房子可以变卖还钱了。房子没了，这个家也散了，我也只能一个人带着女儿回娘家去了。"哭完的阿珍显得很平静，似乎也只能接受了这个结果。目前来看，至少还能有套房子变卖还款，总比离婚后还背着一身的债要好一些。

听完阿珍的故事之后，虽说确实对她有些同情，但再多的同情也无法改变案件的结果，毕竟查下来这笔借款确实真实合法，银行作为出借人的权益我们也应该依法保障。最终，因为阿进未到庭，无法组织有效调解，我也只能判决阿珍和阿进共同归还银行贷款50万元。

宣判之后，我还是有些感慨，阿珍遇人不淑固然不幸，但如果她能及时止损，在看到多年游手好闲的丈夫"贷款创业"的时候多斟酌，然后不在贷款协议上签字，那这个案件的结果，可能就完全不一样了。

可惜，人生没有如果。

**案件启示录**

1.《民法典》第一千零六十四条第一款规定：夫妻双方共同签名或者夫妻一方事后追认等共同意思表示所负的债务，属于夫妻共同债务。

因此，不要轻易在妻子／丈夫的对外借款协议中作为共同借款人签字，一旦签字，就必须承担共同还款的义务。

可能有朋友会说，签个字就要承担这么大的责任吗？其实就算不是夫妻，即便只是个普通朋友，你只要自愿在共同借款人处签了字，那就要承担还款责任。

其实在 2018 年之前，夫妻一方对外借款，另一方甚至都不需要签字，就会被认定为夫妻共同债务，相应的法律依据就是 2004 年颁布的《最高人民法院关于适用〈中华人民共和国婚姻法〉若干问题的解释（二）》，其中第二十四条规定：债权人就婚姻关系存续期间夫妻一方以个人名义所负债务主张权利的，应当按夫妻共同债务处理。但夫妻一方能够证明债权人与债务人明确约定为个人债务，或者能够证明属于婚姻法第十九条第三款规定情形的除外。

这个条款就是大名鼎鼎的"婚姻法司法解释第二十四条"，它颁布的时间是 2004 年，那个年代的经济活动并不如现在发达，夫妻之间的经济联系也更为紧密，夫妻一方对外借款，大概率也确实会用在夫妻的共同生活中，所以当时规定只要一方签字就算夫妻共同债务。

然而随着社会的发展，夫妻之间的经济联系紧密程度下降了，很多夫妻一方借款不再用于夫妻共同生活，但根据法律的规定，这笔债务却要夫妻共同偿还，于是对于"婚姻法司法解释第二十四条"的反对意见越来越多。

最终，最高人民法院于2018年1月专门针对夫妻共同债务颁布了相应的司法解释，明确规定：夫妻一方在婚姻关系存续期间以个人名义超出家庭日常生活需要所负的债务，不认定为夫妻共同债务；但有证据证明该债务用于夫妻共同生活、共同生产经营或者基于夫妻双方共同意思表示的除外。

从此之后，只有夫妻一方签字的大额债务，就很难再被认为是夫妻共同债务了。当然，如果有明确的证据能证明该笔债务用于了夫妻共同生活、共同生产经营，那从权利与义务对等的角度来看，依然应该认定为夫妻共同债务。

再后来，该条款被写入了2021年1月施行的《民法典》，即《民法典》第一千零六十四条第二款的规定。

2.离婚协议的条款只对夫妻双方有效，无法对抗第三人，所以即使离婚协议中约定了"所有共同债务均由男方负担"，女方今后也依然有被追债起诉的风险，但在清偿债务之后可以再向男方追偿。

当然，以上仅限于夫妻共同债务，明确系夫妻一方个人对外所负的债务不在此列。

3.如果发现遇人不淑，请及时止损。

其实婚姻和恋爱关系最大的区别就在于，婚姻是一个和财产关系极其紧密的法律关系。如果在婚姻中发现自己确实所托非人，那么尽早地选择离婚，或许才能把损失降到最低。

不能既损失了情感，又损失了财产，是吧？

## 夫妻相互忠诚不只是道德约束，也是法律义务

当看到阿进起诉阿洁离婚时，我有点蒙：一年前我不是判他们离婚了吗？两个已经离婚的人，怎么可能再来离第二次婚呢？

阿进和阿洁都是苏城本地人，阿进家境还不错，自己也做点小生意；阿洁是个小学老师，长得也甜美。七年前，两人经人介绍相识，很快就结婚了，还生了个大胖小子，一家三口其乐融融。

但是好景不长，两年前阿进迷上了赌博，不到一年就输了两套房，外面还欠了不少赌债，常常有一些文龙画虎的小混混上门讨债，把阿洁和孩子吓得不轻。考虑到赌博这种恶习造成的债务是个无底洞，于是阿洁起诉到法院，要求和阿进离婚，孩子归自己抚养，理由很简单：不能让孩子跟着一个赌徒爸爸。

阿进还是很舍不得孩子的，坚决不同意离婚，而且表示自己愿意戒赌，希望阿洁给自己一个机会。

第一次庭审中，阿进极力赌咒发誓，但阿洁不为所动："你半年前就说过要戒赌，结果这半年又输了一套房。你现在外面欠了多少赌债都说不清，讨债的人都已经找到我学校里来了。你要是还有点良心的话，就放我们母子一条生路，赶紧离婚！"

虽然阿进确实沾染了赌博恶习，但是法律规定的可以判决离婚的条件之一是"有赌博、吸毒等恶习屡教不改"，毕竟当时阿洁是第一次来起诉离婚，阿进又是一副浪子回头的态度，要不要直接判他们离婚，当时我还是有些纠结。

就在这当口，公安局传来消息：一次抓赌行动中，警方当场抓获正在地下赌场参与赌博的阿进，并处以行政拘留 10 天。

我去拘留所给阿进做笔录，心情复杂地对他说："这就是你赌咒发誓的要戒赌？"阿进自知理亏，低着头默不作声。

阿进拘留结束后，我的判决书也拟好了：鉴于阿进在离婚诉讼过程中还参与赌博，屡教不改，判决两人离婚，孩子归阿洁抚养。

阿进没上诉，判决书就此生效。

既然一年前已经判决离婚了，那为什么阿进今年又来法院打官司离婚呢？这离婚诉讼还能有"返场"？

原来，阿进的妈妈实在舍不得自己的宝贝孙子，也知道离婚这事儿确实怪阿进自己沾染了赌博恶习，于是当着阿洁的面，把阿进毒打了一顿，然后自己出面还清了阿进的所有赌债，还买回了之前阿进输掉的两套房子。这么诚心诚意的一番事做下来，加之阿进也确实没再去赌，两边的长辈就都劝阿洁看在孩子的分儿上，再给阿进一次机会。

最终，阿洁和阿进复婚了。

如果事情只到这儿，那应该是一个浪子回头的圆满结局，但几个月后，阿进很偶然地得知：自己的儿子可能不是亲生的。于是阿进带儿子去做了亲子鉴定，鉴定结果让他万念俱灰，于是决然地提起离婚诉讼，同时请求判决阿洁赔偿他精神损害抚慰金。

庭审中，阿洁倒也大大方方地承认了，但并没有说出孩子的父亲是谁，阿进听完则陷入了长时间的沉默。双方迅速地达成了离婚协议，阿洁同意向阿进支付相应的精神损害抚慰金，这个离婚案最终如此收场。

## 案件启示录

1.《民法典》第一千零七十九条规定：夫妻一方要求离婚的，可以由有关组织进行调解或者直接向人民法院提起离婚诉讼。人民法院审理离婚案件，应当进行调解；有下列情形之一，调解无效的，应当准予离婚：

（1）重婚或者与他人同居；

（2）实施家庭暴力或者虐待、遗弃家庭成员；

（3）有赌博、吸毒等恶习屡教不改；

（4）因感情不和分居满二年；

（5）其他导致夫妻感情破裂的情形。

所以，即使存在赌博、吸毒等恶习，法律还是给予了当事人改过自新的机会的，只有在"屡教不改"的情况下，才应当判决离婚。

另外，上述第（4）项是常常被误读的条款，很多人所说的"分居两年自动离婚"实在是谬传。首先，无论分居多少年，离婚都只能通过去民政局协议离婚或者到法院诉讼离婚的方式，不存在"自动离婚"的情况。其次，分居是指"因感情不和分居"，如果是工作、服刑等原因导致分居，则不在此列。

2.《民法典》第一千零四十三条规定：夫妻应当互相忠实。

夫妻之间的忠诚不仅是一种道德要求，还是一项法律规定的义务。如违反忠实义务，夫妻一方可以要求另一方承担物质损害赔偿和精神损害赔偿。如因违反忠实义务，导致子女与夫妻一方不具有亲生血缘关系，则遵守忠实义务一方对于非亲生血缘关系子女不具有抚养义务。

生活远比电影更加戏剧化，很多案件的情节之曲折，估计电影剧本都不敢这么写。然而，生活毕竟不是电影，无论是"赌神"还是"情圣"，他们都应该待在电影里，而不该出现在生活里。如果你在生活中享受了电影般的刺激，那或许，就应该为之付出相应的法律代价。

## 受害者变犯罪者：抓"小三"也要讲法律

阿梅向我提交了一份光盘作为证据，第二天她就被刑拘了。打开光盘一看，里面是不雅视频。

其实说起来，阿梅也算是个受害者。

阿梅和阿强结婚多年，但近年来，两人的感情日渐疏远。电视剧里的俗套剧情又一次在生活中上演：阿梅在阿强手机里看到了很多亲昵的聊天记录。一向刚烈的阿梅立刻就要离婚，而且要求阿强净身出户。阿强矢口否认自己出轨，也不同意离婚，更不愿意净身出户，于是阿梅就起诉到了法院。

第一次庭审时，阿梅唯一能够提供的证据，就是阿强手机里的聊天记录截图。阿强在聊天中和一个姑娘聊得确实挺火热，一口一个"宝贝""亲爱的"，但是阿强嘴硬得很："我也就是嘴上花花，又没有什么实际行动，怎么能叫出轨呢？"

脾气火暴的阿梅听完这话差点在法庭上和阿强打起来，庭后我向阿梅做了法律释明：即使阿强存在出轨的行为，法律上也并没有"出轨者净身出户"的规定，仅仅是过错方可能在离婚时少分一些财产。

阿梅愤怒地说："我现在气的是他有胆子做没胆子认！我一定要抓到他出轨的证据！"

既然需要补充证据，这个案子就被搁置了，等着阿梅进一步举证。时间倏然过了 3 个月，审限快到了，我正准备通知双方第二次开庭，阿梅寄来了一份光盘。

我打开一看，里面的不雅内容不堪入目。第二天，就传来了阿梅被刑事拘留的消息。我联系了阿梅的律师，并向阿强作了核实，总算搞清楚了事情的始末：

阿梅雇人一直跟着阿强，前天获悉阿强和小三去开房了，阿梅便叫了一群娘家人，冲到酒店把门踹开，先是把阿强揍了一顿，然后又把光着身子的小三拖到酒店大堂，当着那么多人的面，把小三围在那儿扇巴掌，全程都有录像。

事后，被揍的阿强倒也没敢追究阿梅的责任，但被当众脱光羞辱的小三坚决报警。于是阿梅刚把光盘寄出来，就和当天涉事的所有娘家人一起被传唤到派出所去了，后来他们因涉嫌侮辱罪被刑事拘留。

过了一阵子，见到了取保候审出来的阿梅，我有些感叹："你这是何苦呢，小三确实破坏了婚姻家庭关系，也有悖于我国的传统道德，但就算是小三，她正常的人身权益还是受法律保护的，你在公共场合那样做，就构成犯罪了，是要承担刑事责任的。"

阿梅把头偏向一边，没有说话，而是死死盯着旁边的阿强。我顺便又询问了一下双方对于离婚案件的态度，阿强这次倒是软了很多，同意离婚，但是要求婚内财产四六开。

"三七，你三我七。"阿梅这时冰冷地冒出了一句话。

"行。"阿强也没再多嘴。

这样的"抓小三"闹剧中，没有赢家。

## 案件启示录

1.《民法典》第一千零八十七条规定：离婚时，夫妻的共同财产由双方协议处理；协议不成的，由人民法院根据财产的具体情况，按照照顾子女、女方和无过错方权益的原则判决。

关于离婚出轨，谬传最多的就是"出轨方净身出户"，但事实上法律并没有这类规定。按照上述规定，出轨方作为婚姻中的过错方，应该酌情少分财产，但绝非"净身出户"。

2.《刑法》第二百四十六条规定：以暴力或者其他方法公然侮辱他人，情节严重的，处三年以下有期徒刑、拘役、管制或者剥夺政治权利。

所谓的"以暴力或者其他方法公然侮辱他人"，可以是以粪便泼人、以墨涂人、强剪头发、强迫他人做有辱人格的行为等。而本案中阿梅用暴力把赤身裸体的小三架到酒店大堂这样的公共场所扇巴掌，还全程录像，这种行为确实已经构成"情节严重"。

本来，阿梅作为婚姻中被背叛的一方，确实是一个受害者，但她后续的一些不理智的暴力行为，却把自己变成了一个犯罪者。维权，应在法律的框架内进行。法律存在的一个重要意义，就是避免同态复仇。

## 不做亲子鉴定，能不能确认亲子关系？

"这个原告辉子真是个'渣男'啊。"开庭前，看着被告英子的答辩状，书记员小曹愤愤说道。

客观地说，辉子确实是个"渣男"，他在英子孕期内嫖娼，并在公安"扫黄"时直接被拘留了。知道这事儿之后，刚烈的英子直接拉着辉子去了民政局离婚，民政局的工作人员看着英子的大肚子，说："孕期内不能离婚的啊。"

"别废话了，我学过法律，是男方在女方孕期内不能提离婚，但现在是我要离婚，我要赶紧离开这个'渣男'。"英子冷冰冰地对民政局工作人员说道。

麻溜地办完了离婚手续，一个月的冷静期里，辉子一直在求原谅，英子根本不为所动。冷静期满后英子拿到了离婚证，没多久她就生了，孩子的出生证上父亲一栏空白。孩子出生后，英子也没让辉子看孩子一眼。

辉子有点熬不住了，去找英子理论，被英子一句话就噎回来了："我生孩子的时候我们已经离婚了，我一个单身女人生孩子和你一点关系都没有，你凭什么来看这个孩子？"

无奈之下辉子起诉到法院，要求确认抚养权归自己所有，即使抚养权不能归自己，至少也要给自己探望小孩的权利。

庭审中，虽然有点尴尬，但我还是得问辉子："你起诉要求确认抚养权归你所有，但这孩子出生证上并没有载明父亲的名字，而抚养权或者探望权的前提是存在父子关系，目前你有何证据能证明这孩子是你的？"

辉子听完一脸蒙："法官，我们离婚的时候她就已经怀孕了，这孩子当然是我的，这还需要举证证明吗？"

"这孩子就不是你的。"英子冰冷地回捣。

"你就别说气话了好吗，我是真的错了。"

"我说的就不是气话。"

辉子被噎得无话可说，过了一会儿，终于憋出了一句话："法官，要不然我申请亲子鉴定吧，由法院来确认我和小孩之间的亲子关系。"

这倒是个好方法，于是我对英子说："虽然孩子是在你们离婚之后出生的，但你还没和辉子离婚的时候就已经怀孕了，那辉子确实有正当理由来确认亲子关系。如果辉子确实是孩子的父亲，那他也确实有权利来争取抚养权，或者至少有探望的权利。"

英子依旧冷冰冰地说："你让他申请好了，反正我是不会把孩子带过来做亲子鉴定的，我都说了，孩子不是他的。"

这时的辉子有些崩溃了："我确实做错了，但是你也别再折磨我了好吗，你说孩子不是我的，那是谁的？你别再说气话了！"

英子则扭过头去，不再说话。

场面尴尬归尴尬，法律程序还是要走完的，我最终向辉子进行确认："按照法律规定，如果英子坚持拒绝做亲子鉴定，又无法提出相反证据，法院是可以直接认定你和小孩之间的亲子关系成立的。但是，目前这个情况，你确定你要坚持吗？"

辉子沉默了很久，说："法官，我还是坚持，我觉得她应该就是在说气话。"

我很快就做出了判决，确认了辉子和孩子之间的亲子关系。但因为孩子刚出生，抚养权自然还是归英子，不过辉子依法拥有探望权。当然，这份判决只是确认辉子和孩子之间存在法律上的亲子关系；而在事实上，除了英子，没人知道这孩子到底是不是辉子的。

这个悬念，或许就是英子留给辉子的惩罚吧。

**案件启示录**

1.《民法典》第一千零八十二条规定：女方在怀孕期间、分娩后一年内或者终止妊娠后六个月内，男方不得提出离婚；但是，女方提出离婚或者人民法院认为确有必要受理离婚请求的除外。

法律虽然规定了女方怀孕期间不得离婚，但仅仅是限制男方在此期间不得向女方提出离婚诉讼，如果女方在孕期想要离婚，依然是可以受理的。

很多朋友都有一个误区，觉得只要怀孕就离不了婚，这和"分居两年就自动离婚"一样，是个流传甚广的谬传。法律对于孕妇予以特殊保护，所以不允许男方提离婚；但是女方在孕期内依然可以提离婚，这也是对孕期内女方离婚自由的一种保障。

2.《民法典》第一千零七十三条规定：对亲子关系有异议且有正当理由的，父或者母可以向人民法院提起诉讼，请求确认或者否认亲子关系。

《最高人民法院关于适用〈中华人民共和国民法典〉婚姻家庭编的解释（一）》第三十九条规定：父或者母向人民法院起诉请求否认亲子关系，并已提供必要证据予以证明，另一方没有相反证据又拒绝做亲子鉴定的，人民法院可以认定否认亲子关系一方的主张成立。

父或者母起诉请求确认亲子关系，并提供必要证据予以证明，另一方没有相反证据又拒绝做亲子鉴定的，人民法院可以认定确认亲子关系一方的主张成立。

所以，对于亲子关系的存在与否，在有正当理由的情况下，是可以起诉至法院来请求确认或否认的。在诉讼中，如果另一方拒绝做亲子鉴定，法院有权结合现有证据直接确认或否认亲子关系的存在。

## "居住权"可解决再婚老人房屋遗产隐忧

坐在被告席上的齐大爷老泪纵横，原告席上的陆大妈则抿着嘴沉默不语，旁听席上的小齐倒是不依不饶："爸，这个女人都把你告了，你干啥还不离婚？"

我敲了敲法槌，厉声让小齐遵守法庭秩序，但看着这老年离婚案，真是有些头疼。

小齐的妈妈早年因为车祸去世，齐大爷一个人把小齐拉扯大。如今小齐已经结婚，齐大爷也退休在家，没事就去跳跳广场舞，没想到一来二去和舞伴陆大妈跳出感情来了。

陆大妈也是个可怜人，她本不是苏城人，早年从外地和丈夫一起来苏打工。后来丈夫因病去世，家里条件一直不太好，自己打工供女儿读书已经不容易，买房更是困难。最终女儿留在苏城嫁人，但陆大妈又不好意思去和女儿女婿住一起，于是一把年纪了还在外面做保洁，就为挣个租房的钱。

可能是因为有相似的人生经历，齐大爷和陆大妈很聊得来，沉闷的生活好像又照进了一道光，让齐大爷的晚年明亮起来。两人处了半年，就去民政局领了证。我看了看结婚证上的照片，两人笑得都挺开心。

两位老人结婚后，陆大妈就住进了齐大爷的老房子里。小齐知道这事以后跳了起来，先是指责齐大爷为什么结婚不和自己说，然后又要求齐大爷写个保证书，保证这老房子以后不能有陆大妈的份儿。

齐大爷死活也不肯写，小齐便去找陆大妈，要陆大妈写保证书，保证今后不要齐大爷的房子。陆大妈哪受得了这委屈，立刻要和齐大爷离婚，齐大爷死活不同意，于是这离婚纠纷就起诉到了法院。

我眼前这诉状的诉请只有一条：请求判决齐大爷和陆大妈离婚。至于财产处分，并没有提到。陆大妈红着眼圈说："我虽然穷，但是我和老齐结婚绝对不是为了他的房子，你要是怀疑我，那我直接离婚得了。"

"如果真不是为了房子，那你倒是写个保证书啊。"小齐又嚷嚷了起来。

"你这是在侮辱我！"陆大妈带着哭腔回道。

我有点疑惑，"齐大爷的房子很明显是婚前财产，陆大妈作为现在的妻子，目前也不可能得到这套房子啊。"

小齐撇了撇嘴："我爸死了的话，那她不就能分一半了吗？"

"小兔崽子你居然敢咒我！"齐大爷总算是蹦出了句话。

以苏城目前的房价水平，我大致能理解小齐为何如此算计。暂且不论小齐是否过于自私，本案毕竟是个离婚纠纷，无论小齐怎么蹦跶，最终案件还是要回归到齐大爷自己身上。

"齐大爷，你自己说吧，你是否愿意和陆大妈离婚？"

"不愿意，我还是很爱她的。"齐大爷看了看小齐，又看了看陆大妈，貌似坚定地回答了我的问题。

"那你的房子呢？如果最终变成遗产，齐大妈和你儿子都能继承吗？"

我问完这个问题之后，齐大爷陷入了沉默。

这时的陆大妈叹了口气，说："这样吧，既然有老齐刚才那句话，那我也不想为难他了。我可以不要老齐的这套房子，就算老齐先走一步，我也不会继承他这房子。但是我要和老齐一直住在这房子里，一直到我们都去世。"

"我同意！"这时的齐大爷答应得很痛快。

小齐有点迷茫地看着我，好像不太懂这里面的法律关系。我并没有理会他，而是和两位老人确认了一下他们的方案："按照你们的思路，双方在齐大爷的这套房子里设立一个居住权，齐大爷、小齐均确认陆大妈对于这套房子享有居住权，一直到陆大妈去世，同时，陆大妈确认自己放弃对于该房屋今后可能的继承权？"

两位老人都同意了这个方案，并表示将去公证处签署相应的设立居住权的合同，然后就来撤销离婚诉讼。

小齐还想说点什么，我抢着对他说："居住权不能转让，也不能继承，只能用于居住。一旦陆大妈去世，这个居住权就自行消灭，而且陆大妈也已经同意放弃继承房子了。其实你父亲本来可以完全不顾你的利益的，但他选择了照顾你的利益，如今你也已经得到你想要的结果，你难道就不能为了你父亲而做出一点点的让步？"

小齐思考了一会儿，然后点了点头："我同意妥协。"

案件顺利结案，回到办公室，书记员小曹问我："艾法官，为什么我总感觉这个案子怪怪的，感觉真正吃亏的还是陆大妈啊。"

"因为他们选择的是裹挟，只有陆大妈，才是真正选择了妥协。"

案件启示录

1.《民法典》第一千零六十九条规定：子女应当尊重父母的婚姻权利，不得干涉父母离婚、再婚以及婚后的生活。

法律对于老年人的再婚，通过《民法典》的规定，有着非常明确的保障。如果本案中的齐大爷真的不想理会小齐，那么根据上述条款的规定，小齐无权干涉齐大爷和陆大妈的婚姻。

2.《民法典》第三百六十六条至三百七十条规定：居住权人有权按照合同约定，对他人的住宅享有占有、使用的用益物权，以满足生活居住的需要。设立居住权，当事人应当采用书面形式订立居住权合同。居住权无偿设立，但是当事人另有约定的除外。设立居住权的，应当向登记机构申请居住权登记，居住权自登记时设立。居住权不得转让、继承，居住权期限届满或者居住权人死亡的，居住权消灭。

简而言之，就是这个房子可以给你居住使用，在居住权的期限之内，没人可以赶你走，但是这个房子不属于你，房价涨跌和你也没关系。

很多朋友此前可能都没有听过这个"居住权"，《民法典》的这一规定，首次将"居住权"作为一项单独的权利列在法律条文中，使得房屋除了所有权，又有了居住权这一项全新的权利。

从权利内容和性质来看，居住权有利于对弱势群体的保护，本案中的齐大爷或许真的不想和陆大妈分开，但又不想自己的房子今后被陆大妈继承，那么为陆大妈在房子里设立居住权，或许是平衡各方利益后最折中的方案。

第七章

# 人在路上，法在心中

## 不可不知：事故责任划分和赔付依据

目前国内的汽车已经有 3 亿辆左右，汽车保有量增多之后，起诉至法院的交通事故纠纷案件也相应地多了起来，千奇百怪的案例故事层出不穷。由于有一些朋友对于交通事故的赔偿过程并不清楚，在讲述交通事故案例前，我先做一个基础知识普及。

### 1. 责任划分

交通事故发生后，一般会由交警部门出具相应的《交通事故责任认定书》。责任划分主要有一方全责 / 另一方无责、一方主责 / 另一方次责、双方同责等情况。

当然，如果双方各执一词，又没有相应的监控录像等证据佐证的话，也有可能会出现"事故责任无法认定"的情况。

《交通事故责任认定书》是事故赔偿的重要依据，无论是交警部门的快速调解赔偿，还是法院的判决赔偿，基本都是以此来决定赔偿比例的划分。

### 2. 保险赔偿

《机动车交通事故责任强制保险条例》（以下简称《交强险条例》）第二条规定：在中华人民共和国境内道路上行驶的机动车的所有人或者管理人，应当依照《中华人民共和国道路交通安全法》

的规定投保机动车交通事故责任强制保险。

《交强险条例》第二十三条规定：机动车交通事故责任强制保险在全国范围内实行统一的责任限额。责任限额分为死亡伤残赔偿限额、医疗费用赔偿限额、财产损失赔偿限额以及被保险人在道路交通事故中无责任的赔偿限额。

《民法典》第一千二百一十三条规定：机动车发生交通事故造成损害，属于该机动车一方责任的，先由承保机动车强制保险的保险人在强制保险责任限额范围内予以赔偿；不足部分，由承保机动车商业保险的保险人按照保险合同的约定予以赔偿；仍然不足或者没有投保机动车商业保险的，由侵权人赔偿。

目前交强险的有责赔偿限额是：死亡伤残赔偿限额18万元，医疗费用赔偿限额18 000元，财产损失赔偿限额2000元。

以上的法条，通俗来说大约就是：国家要求所有汽车都必须购买交强险才能上路。只要肇事汽车存在责任，无论是次责、同责、主责、全责，车祸受害者的伤残损失在18万元范围内都是全赔的，不需要区分责任，医疗费在18 000元的范围内也是全赔的，不需要承担责任。超出部分，就按照责任比例进行赔偿，买有商业险的，由商业保险公司赔偿；没有买商业险的，由肇事者自己赔偿。

举个例子，A驾车与B相撞，交警认定双方同责，B受了重伤构成伤残，伤残赔偿金额为50万元，那么其中的18万元则由A的交强险直接赔付，剩余的32万元，因为双方是同责，所以A还需赔偿其中的一半，也就是16万元。如果A还购买了商业险（一般是第三者责任险），那么这16万元将由A的商业险进行赔付。

同理，这个例子中，如果 B 的医疗费也很高昂，比如花费了 80 万元，那么其中的 18 000 元由 A 的交强险直接赔付，剩余的 782 000 元，因为双方是同责，所以 A 还需赔偿其中的一半，也就是 391 000 元。如果 A 还购买了商业险，那么这 391 000 元将由 A 的商业险进行赔付。

因此，在保险齐全而且没有酒驾等拒赔因素的情况下，A 基本上是不需要自行支付相应赔偿费用的。

当然，如果赔偿费用较高，而 A 的商业险购买限额较低，比如只买了 30 万元的限额，那么以上超出交强险、商业险之外的赔偿金额，就完完全全需要 A 自掏腰包进行赔付。

为什么驾车只要有一丁点责任，无论责任大小，都可以由交强险在 18 万元和 18 000 元的范围内进行全额赔付呢？我个人推测，应该是为了避免交通事故发生之后，肇事司机无力赔偿的情况吧。

毕竟，交强险的价格全国统一，费用一般在几百元到 1000 元，大多数司机都负担得起，而且购买交强险也是汽车上路的强制性要求。而一旦发生交通事故，伤者的医疗费、伤残赔偿金往往金额都较大，即使真的出现司机无力赔付的情况，那么至少还有交强险在一定金额范围内进行兜底赔偿。

不过，虽然现在大多数人都愿意购买交强险，但还是有一些车主不愿意购买商业险，这其实还是存在一定的风险的。就上面的例子而言，虽然在事故中 A 只是同责，但是因为 B 受伤较重，所以伤残赔偿金和医疗费金额较高，而在交强险之外，即使按同责比例，A 也还需要赔付 16 万元的伤残赔偿金和 391 000 元的医疗费，如果没有购买商业险，那这很显然是一笔会带来巨大的经济压力的赔款。

　　好的，给大家普及了交通事故赔偿的基础知识，便于大家对交通事故这一章节案例故事的理解。其实大多数交通事故案件，在保险齐全的情况下，即使发生严重的事故，也不至于背上沉重的赔款压力。但在保险赔付之外，还是会有很多争议和纠纷，那么接下来，就让我们一起来看这些纠纷故事。

## 忘记续保交强险，有理没理都赔钱

　　阿超可能也没有料到，只不过是一时忙忘了续保，居然会赔进去这么多钱。

　　做绿化工程的阿超入行时间不长，既能吃苦又很拼，所以事业正在上升期，最近他新接了不少项目，全省各地到处跑。正是因为忙，他的交强险和商业险上个月就已经到期，但他一直没想起来去续保。

　　前几天晚上，阿超从外地赶回苏城，长途开车使他有点疲惫，第一时间没注意到路边的一辆电瓶车突然变线行驶，于是就撞上了。

　　交警很快出警，《事故责任认定书》也很快就下来了，电瓶车主突然变线负主责，阿超未及时避让负次责。但是电瓶车主腿部骨折，构成了十级伤残，医疗费花了 1 万多元，最终医疗费和伤残赔偿金之类的赔付加起来大约 10 万元。

阿超这时才记起自己的车险都已经过期，于是忍痛和电瓶车主说："既然我是次责，你是主责，那我们就三七开吧，我自掏腰包赔你 3 万元。"

可没承想，电瓶车主居然要阿超 100% 全额赔偿 10 万元，气得阿超直跳脚，一口回绝。既然谈判破裂，电瓶车主就把阿超起诉到法院，案件到了我的手上。

"法官，你看看他，这不是讹人吗？我也是讲道理的人，明明我只是次责，而且也愿意赔偿 30% 了，实在不行，我上浮一点赔个 35% 也行，但是他居然要我 100% 全额赔偿。我又不是冤大头，他竟然还有脸来告我，我是相信法律的，法律会给我一个公道。"庭审中，阿超情绪激动地嚷嚷着，边说边挥舞手臂，仿佛受了天大的委屈。

"你要是相信法律的话，还真就应该 100% 全额赔偿。"虽然很替阿超感到不平，但我还是得告诉他真相。

眼看着阿超惊讶得眼珠子都要瞪出来了，为了不让他误会我是和电瓶车主一起讹他，我赶紧补充解释道："《最高人民法院关于审理道路交通事故损害赔偿案件适用法律若干问题的解释》第十六条规定：未依法投保交强险的机动车发生交通事故造成损害，当事人请求投保义务人在交强险责任限额范围内予以赔偿的，人民法院应予支持。这意味着什么呢？只要你没有依法投保交强险，发生事故了，本来由交强险来赔的钱，就应该由你来赔了。"

"这个法律规定也太不合理了，我只是忘了续保，这么一点小错误，就要让我从赔偿3万元变成了赔偿10万元，这代价也太大了吧？"

"这个规定的逻辑是，如果你正常投保了交强险，那么在这个案件中电瓶车主的10万元损失，因为基本都是在交强险的限额内，所以无须考虑主次责任比例，从而他可以得到100%全额赔偿。但正是因为你没有投保交强险，所以他本可以由保险公司全额赔付的10万元，自然应该由你来承担了。毕竟，法律不能让他因为你的过错而减少他应得的赔付吧？"我耐心地给阿超解释了一下这规定背后的逻辑。

"唉，我真是亏，这两个月忙得昏天黑地，忙到忘了续保，多做了些项目，也就多赚了10万元，这下倒好，赚的钱全用来赔这个交通事故了。"阿超也算是听懂了我的解释，虽然不太情愿，但还是同意了全额赔付。

双方谈妥付款时间，顺利地签完了调解协议。回到办公室，书记员小曹一边归档装卷，一边提出了新问题："艾法官，如果这个案件中，不是阿超忘记了续保交强险，而是付了钱之后，保险公司忘了给他办续保，或者故意拖延不续保，那么谁来承担赔偿责任呢？"

"还是由阿超来承担赔款责任，但是如果阿超确实能证明是保险公司拖延承保、违法拒绝承保，那么阿超赔完钱之后，可以向保险公司进行追偿。不过现在应该没什么保险公司会拒绝承保吧？"

"有啊，我就遇到过，"小曹撇了撇嘴，继续说道，"汽车拒绝承保的确实没有，但是摩托车要投保交强险是真的难。"

嘿，好像还真是，摩托车投保确实不太容易。

## 案件启示录

1.《最高人民法院关于审理道路交通事故损害赔偿案件适用法律若干问题的解释》第十六条规定：未依法投保交强险的机动车发生交通事故造成损害，当事人请求投保义务人在交强险责任限额范围内予以赔偿的，人民法院应予支持。

用大白话来说就是：如果你没买交强险，那你就亲自来赔交强险该赔的那一部分。

有的朋友可能要说了，那我小心一点开车，尽量不发生事故，不就行了？就算发生了事故，我也最多是个次责，那也赔不了几个钱啊。

还真不是，只有在交强险不够赔的情况下，超出交强险的那些损失，才会按照不同的责任来认定不同的赔偿比例；而如果你没买交强险，只要你有一丁点责任，无论责任大小，交强险责任限额范围内的赔偿费用都要由你自掏腰包进行全额赔付。

鉴于交强险有责任限额内赔付不分主责、次责和全责的这一特殊性，大家一定不要忘了续保交强险，否则将会面对和阿超一样的窘境：即使自己是次责，也要在交强险责任限额范围全额赔付。

2.《最高人民法院关于审理道路交通事故损害赔偿案件适用法律若干问题的解释》第十七条规定：具有从事交强险业务资格的保

险公司违法拒绝承保、拖延承保或者违法解除交强险合同，投保义务人在向第三人承担赔偿责任后，请求该保险公司在交强险责任限额范围内承担相应赔偿责任的，人民法院应予支持。

拖延承保这类情况在汽车投保交强险时比较少见，但在摩托车领域有时会出现。可能因为摩托车出交通事故造成损失的概率较大，于是一些保险机构会以各种理由推诿、拒绝给摩托车承保交强险。

这一点，买过摩托车的摩友们可能或多或少都经历过。如果真的遇到了这种拖延承保、违法拒绝承保的情况，我们可以先收集好相应证据，然后按照这条规定，依法维护自己的合法权益。

## 醉驾撞人，保险还能理赔吗？

"小曹，去过监狱吗？"

"没去过，也不想去。"

"不，你想。下周你得和我去一趟南京监狱，去开庭。"

其实我也不想去外地监狱开庭，一是路途遥远，二是进入监狱手续比较烦琐。但有时案件的当事人正在监狱服刑，为了案件的正常审理，我只能带着书记员去监狱开庭。

手上这个需要跑监狱的案件，是一起交通事故赔偿纠纷。被告大林是个厨师，晚上下班后和朋友喝酒吃夜宵，结束后竟然酒驾回家，在路上迷迷糊糊地闯了红灯，把一个下夜班的小伙子撞飞了，小伙子当场死亡。

醉驾加上闯红灯，大林自然被认定全责。而在交通事故中造成他人死亡，同时自己又是全责，那自然构成"交通肇事罪"，最终大林被判处了三年有期徒刑，目前被收监在南京监狱服刑。

然而，刑事案件虽然结束了，但是民事的赔偿才刚开始。被撞身亡的小伙子刚结婚没几年，孩子也还小，本来只身一人在苏城打工养家，如今突遭横祸，他的妻儿、父母作为继承人，就继续起诉大林要求民事赔偿，索赔死亡赔偿金、丧葬费等费用将近100万元。

开庭那天，等我到南京监狱门口时，发现受害者家属只有一个人来了，是小伙子的父亲老李。面对我的疑惑，这位从西部老家千里迢迢赶过来的老农民有些不好意思地搓了搓手说："过来的火车票要好几百呢，多来一个人就多费钱，而且我老伴身体不太好，我儿媳妇带着娃也不方便，所以我就一个人来了。"

"你们要是实在觉得过来麻烦，可以共同委托一个律师来呀。"我刚说完这话，就有些后悔，毕竟连几百块的火车票都舍不得买的老李，估计更不舍得花几千元请律师吧。

"我们都是农民，确实不懂，而且也没钱请律师。"

听完老李的回答，我也不忍多问，领着他和书记员小曹，径直去狱政科办了手续，之后就去监狱的简易法庭准备开庭。

说是简易法庭，其实只能算是个会见室，中间有一道铁栅栏隔开，栅栏里面连通着监区，有一个座位，是留给大林的；栅栏外边放了两张桌子，我和书记员坐一边，老李作为原告坐另一边。

不一会儿，大林就被狱警从监区带了过来，隔着铁栅栏，我先确定了一下大林的身份，宣读开庭纪律，就准备开庭了。案件其实并不复杂，死亡赔偿金和丧葬费都有法律规定的具体算法，大林又是全责，这将近 100 万元的赔偿，自然是大林全赔。

庭审中的大林表现得有些满不在乎，对于老李一家的诉求全然不拒，都予认可。我不由得插了一句："你倒是认得这么爽快，那这些钱啥时候能赔偿到位呢？"

"法官，你也知道我是个外地人，来苏城做个厨子打打工，也没买房，我那小破车还是个二手的，也就过户的时候买了个交强险，连商业险都没钱买。现在我牢也坐了，钱也确实应该赔，但我是真没钱。"

大林确实没说谎，当初在刑事案件阶段，只要大林能进行一定的赔付，然后获得家属谅解，刑期是可以稍微少一点的，但是大林是真的一分钱都赔不出来，所以后来也是顶格判的。我手上的这个赔偿案件，我们法院也对他做了保全查控，结果房子、车子、银行账户一圈查下来，这大林是啥都没有，兜里空空，唯一的财产就是那辆肇事车，还在事故中被撞毁了。

听完刚才大林破罐子破摔的回答，一直不太作声的老李有些绷不住了，用近乎哭腔的声音开始诉说他的不易："我儿子这么年轻就被你给撞死了，到现在我们是一分钱的赔偿都没见着，回老家办丧事就花了 2 万多元，这钱还是借的。你坐个几年牢就出来了，我们一家老小这辈子可咋活咧？！"

　　大林自知理亏，低下了头，没了言语。庭审进行到这儿，其实我已经可以直接判决大林赔偿这将近 100 万元的赔偿金了，但是，面对穷得叮当响的大林，我这份判决书对老李一家来说，很可能没有什么意义了。

　　我叹了口气，转头冲大林说："你那个车，确定买了交强险吗？"

　　"对啊，我买的是天空保险公司的，但是我毕竟是醉驾，他们保险公司都是拒赔的呀。"

　　"好的，今天的庭审先到此结束，下次开庭时间另行通知。另外，你们好像都没有好好学习《最高人民法院关于审理道路交通事故损害赔偿案件适用法律若干问题的解释》第十五条的规定。"我匆匆结束了这次庭审，意味深长地看了老李一眼。

　　庭后，老李在监狱外拿着手机查了半天，终于弄明白上面这则法律规定是啥意思，然后兴高采烈地给我写了一封追加被告的申请书，把天空保险公司追加为共同被告，要求保险公司先行在 18 万元的交强险限额内进行赔偿。

　　从南京监狱回苏城的路上，小曹好奇地问："那个第十五条是个啥规定？"

　　"大概就是，即使是醉驾，保险公司也应该在交强险的 18 万元的限额内进行赔偿，赔偿之后再由保险公司对大林进行追偿，对老李他们来说，至少有 18 万元的赔偿是有着落了。"

　　"本来咱们今天来南京监狱开这一次庭就结束了，现在既然要追加保险公司，那咱们就还要再来一次监狱开庭，搞得咱们还得大老远的多跑一趟。"小曹依然略有微词。

"我们多跑一趟，老李这一家子就能落实 18 万元的赔偿。之前的老李，只是因为不懂法律规定，浪费了向保险公司主张赔偿的机会，我现在做的，只不过是让老李获得他们本该获得的机会罢了。而且，对我们来说这只是一个案件；但对当事人来说，可能会影响他们的一生。"

案件的后续就很简单了，接到传票的天空保险公司积极派法务过来应诉，最终拿到判决书之后，天空保险公司很快支付了 18 万元的理赔款，剩余的 80 多万元赔偿款，大林确实无力支付。老李他们申请了强制执行，但是面对真没钱的大林，执行局也是一筹莫展。

但至少，我已经尽力了。

### 案件启示录

《最高人民法院关于审理道路交通事故损害赔偿案件适用法律若干问题的解释》第十五条规定：有下列情形之一导致第三人人身损害，当事人请求保险公司在交强险责任限额范围内予以赔偿，人民法院应予支持：

（1）驾驶人未取得驾驶资格或者未取得相应驾驶资格的；

（2）醉酒、服用国家管制的精神药品或者麻醉药品后驾驶机动车发生交通事故的；

（3）驾驶人故意制造交通事故的。

这则条款的意思是：即使是醉驾、无证驾驶所导致的交通事故，保险公司依然应该在交强险范围内进行赔偿。

虽然全国各地查酒驾的力度一直很强，但是醉驾、无证驾驶等违法行为一直屡禁不止。而醉驾、无证驾驶所带来的交通事故甚至死亡事故，保险公司按照保险合同的约定都是拒赔的，加之大多数以身试法的肇事者们的偿付能力又很有限，这就导致了很多醉驾、无证驾驶的受害者们就算赢了官司，也拿不到赔偿。

以上这则司法解释的出台，就是为了避免这类悲剧的发生。即使是在醉驾、无证驾驶的情况下，如果肇事司机实在无力赔付，那么受害者的家属至少还能在交强险的限额内获得一定的赔偿。

当然，保险公司在赔偿之后也能向肇事司机进行追偿，只不过，肇事司机是否有能力赔付，那就很难说了。

## 机动车不能随便借，一旦出事可能共同担责

阿雷是个追风少年，喜欢玩机车，早早地考了摩托车驾照，名下有好几辆摩托车，而且手续齐全，都办了车牌，也都买了交强险。不过他最近摊上事儿了，他名下的一辆美式巡航摩托车发生了事故，不小心撞到了人，全责。

但是，当时骑车的人并不是阿雷，而是他的朋友小印。被撞的受害者医疗费和伤残赔偿金加起来10万元，本来可以通过交强险

全额赔付，但交警查下来发现小印竟然没有摩托车驾照，属于无证驾驶，所以保险公司向受害者垫付赔款之后，就把阿雷和小印一起起诉到法院，要求两人共同赔偿。

"我们也不知道这个阿雷和小印之间是什么关系，总归现在一个是车主，一个是驾驶员，那就应该共同承担赔偿责任。"保险公司法务在法庭上的一番话颇有道理。

"法官，虽然车在我名下，但是我已经卖给小印了啊，撞人的也不是我，不应该由我来赔呀。"阿雷说得挺委屈。

"这辆摩托车确实是我从阿雷那里买的，只是没过户，我一人做事一人当，不能连累朋友，这10万元的赔偿责任我自己承担。"小印倒是挺讲义气，一个人包揽了所有责任。

眼看着阿雷连连附和，保险公司的法务白了他们一眼："谁知道你们是不是串通好了来推卸责任的？保住一个有钱的，舍弃一个没有赔偿能力的，这种套路我见多了！"

"我们真的是买卖关系啊！"阿雷急了，嗓门都提高了八度。

"那你拿出证据来啊！我觉得你们就是借用关系，根据《民法典》的规定，借用机动车之后发生事故，车主对于损害的发生有过错的，也应该承担赔偿责任。你把摩托车借给了小印，但是没有尽到车主的审查义务，居然都不知道这个小印没有驾照，所以你肯定要跟他共同承担赔偿责任。"

保险公司法务的疑虑并非没有道理，如果真的是借用关系，阿雷连驾照都不核实，就把摩托车借给了小印，那么阿雷当然要承担赔偿责任。但目前阿雷和小印都一口咬定是买卖，这一事实的认定，对于案件的判决结果还是很有影响的，看来我得亲自发问了。

"既然你们俩说是买卖车辆，那为什么摩托车还在阿雷的名下呢？你们有没有证据能证明是买卖关系，有没有买卖协议之类的？"

"确实是买卖，但是我们都是朋友，所以没有签协议。小印把钱给我之后，就把车骑走了，我几次催他去办过户，但是他也不着急，所以车子就一直还在我名下。"

"没有买卖协议，那微信聊天记录还有吗？微信里应该聊过卖车的事情吧？"

"聊是聊过，但是聊天记录都删了，两个大老爷们之间的聊天记录谁会保存啊。"阿雷和小印都摇了摇头。

"买卖协议也没签，聊天记录也没保存，这么重要的一个事实，你们一点证据意识都没有，如果真的无法证明是买卖，那你们后果自负。"每次看到只靠嘴说，却拿不出任何证据的当事人，我都有些无奈。

听到我的风险告知，小印思考了会儿，然后问我："法官，是不是只要能证明是我向阿雷买的车，而不是借的车，那就算目前车子还在阿雷的名下，也不需要阿雷承担赔偿责任？"

"可以这么说，因为《民法典》也规定了，当事人之间已经以买卖转让并交付机动车但是未办理登记，发生交通事故造成的损害，由受让人承担。意思就是，如果真的是买卖，而且已经交付给了你，只是没有过户登记，那还是由你一个人承担责任。"

"我突然想起来了，我当时给阿雷付车款的时候，是用手机银行转账的，而且还在备注里写明了是摩托车购车款，这样总归能证明是买的，而不是借的吧？"小印说罢，就把手机递给我查验，我一看，还真是。

"其实不管是借用还是买卖，这个钱肯定都是我来赔，但我就是想把事情说清楚，不希望我的朋友承担不属于他的责任。"小印又补了一句。

说话间，保险公司的法务也接过了小印的手机看了看，然后也不再坚持要阿雷共同赔偿了，直接与小印达成了和解协议，由小印在十天之内付清 10 万元的赔款。

回到办公室，书记员小曹一边发调解书，一边和我闲聊："这个小印还真是够仗义的，很多人出了事儿巴不得推卸责任，只有他还坚持给他朋友证明清白。"

"你也别夸这个小印了，他要真是个好公民，就不应该无证驾驶，更不应该把别人给撞了，现在他只不过在做他自己该做的事情罢了。"

"不过，艾法官，您觉得这个小印真的能在十天之内赔付 10 万元吗？"

"应该能吧。"

"为啥？"

"我刚才看他手机银行的记录，嘿，这啥家庭啊，买个摩托车就花了 35 万元，10 万元应该还是赔得起的吧。"

## 案件启示录

1.《民法典》第一千二百零九条规定：因租赁、借用等情形机动车所有人、管理人与使用人不是同一人时，发生交通事故造成损害，属于该机动车一方责任的，由机动车使用人承担赔偿责任；机动车所有人、管理人对损害的发生有过错的，承担相应的赔偿责任。

借车这事儿的风险还是比较大的。如果实在抹不开面子，或者出于朋友情谊，真要把车借给朋友的话，那也请谨慎核实他的驾照情况，同时确认他并非酒驾、毒驾，否则如果因此发生事故，你作为车主就要和他一起赔钱了。

2.《民法典》第一千二百一十条规定：当事人之间已经以买卖或者其他方式转让并交付机动车但是未办理登记，发生交通事故造成损害，属于该机动车一方责任的，由受让人承担赔偿责任。

所以，即使尚未过户，只要能举证证明确系买卖关系，且已经完成了交付，那么在发生交通事故的情况下也无须担责。毕竟，车款都收了，车子都已经交给对方控制了，如果仅仅因为尚未办理过户登记，就要原车主一并承担责任，那未免过于严苛了。

当然，为了保险起见，还是建议大家在卖车时及时办理过户登记，以避免可能存在的麻烦，毕竟一旦发生事故，终归还是有一定的诉讼风险。

## 事故责任与损害责任的区别：即使无责，也需担责

　　"法官，我是真的比窦娥还冤！我是做好人好事，看她摔倒了，好心送她去医院，结果这个阿姨就赖上我了，就要我来赔钱！这不就是碰瓷吗？"被告席上的米小姐一脸委屈。

　　一看这情形，我心里一紧：这不会是遇到"彭宇案"了吧？这要是没处理好，很容易惹出乱子来。

　　米小姐接着解释："那天我是在前面开车，转弯的时候我看后视镜，发现这个阿姨已经倒在路上了，好像是摔破了头，旁边也没有人，所以我赶紧下车帮她，送她去了医院，还帮她垫付了门诊的费用。我这完全是学雷锋做好事，结果她居然说是我撞的她。法官您可以看看我的车，一点碰撞痕迹都没有，我根本就没有碰到她！"

　　"张阿姨就是被这位米小姐撞倒的，法官您可以看看，交警已经出具了《事故责任认定书》，明确了米小姐负全责，张阿姨无责。"面对米小姐的极力解释，原告席上张阿姨的律师回应得一针见血。

　　张阿姨头上缠着绷带，也在一旁连连应声："是的是的，我都一把年纪了，绝对不会冤枉这个小姑娘的，就是她的全责。"

　　庭上双方吵得不可开交，虽然米小姐的车子买足了保险，就算真的要赔偿也可以直接走保险，但她表示这不是钱的问题，这是

碰瓷的道德问题。最终双方实在吵不出个结果，我决定去一趟交警队，准备调取一下事发时的监控录像，看看到底发生了什么。

交警队的鲁队长很热情地接待了我。交警部门对于每一个案件都有专门的一个卷宗，里面存放了出警的照片、笔录，以及事发现场的监控录像光盘。看完监控录像，我大概明白了事情的始末：张阿姨骑着电瓶车在非机动车道上正常行驶，路口也正好是个绿灯，这时同样是直行的米小姐开着车突然右拐，横在了张阿姨的前方，此时张阿姨一个急刹，电瓶车就侧滑翻倒了。双方确实没有发生直接碰撞，但是张阿姨摔倒后头破血流，米小姐便下车送张阿姨去了医院。

"双方在没有直接碰撞的情况下，交警部门也是可以认定责任划分的吗？"对于交通事故的出警处理，我确实是不太熟悉，于是向鲁队长请教。

"这是一起比较典型的'非接触性交通事故'，这位张阿姨是绿灯正常直行，而米小姐是右拐转弯。这时，右拐的车辆应该注意避让直行的车辆。但监控视频显示，米小姐当时是突然拐弯，转向灯也不打，就横在了张阿姨前方，导致张阿姨避让不及，一个急刹车侧翻了。虽然双方没有发生直接碰撞，但导致这起事故发生的全部责任，还是在于米小姐，所以我们认定她负全责。"鲁队长解释得很全面。

"是不是可以理解为：虽然双方没有直接发生碰撞，但是事故的原因还是可以进行判定的。米小姐突然转弯，没有礼让绿灯直行的张阿姨，就应该承担事故的全责？"

鲁队长点了点头，又补了句："这种'非接触性交通事故'并不少见，比如有些汽车车主从小区里开出来准备进入主路，由于开得太快，没有注意避让在主路上正常行驶的电瓶车，导致这些电瓶车为了避让汽车而侧翻、摔倒，这样汽车车主也是要承担相应责任的。"

带着监控录像光盘，我安排了第二次庭审。看完了整个监控视频之后的米小姐倒也没了言语，也不再坚持说张阿姨是碰瓷了。不过，埋头看监控视频的米小姐突然又发现了一个问题："法官，您看看录像里，当时张阿姨骑电瓶车是没戴头盔的，而她又是头部受伤，所以对于损害的扩大她是不是也应该承担一部分的责任呢？"

听米小姐这么一说，我们又把监控视频看了一遍，还真是，张阿姨当时确实没有戴头盔，摔倒之后又正好是磕到了脑袋，如果当时她戴着头盔的话，至少不会像现在一样伤得这么严重。而且，苏城在去年已经颁布了新的交通条例，要求所有人在骑电瓶车的时候都要戴头盔。

客观来说，米小姐指出的这一点，还是有一定道理的。虽然事故的发生是她造成的，但是张阿姨违规不戴头盔骑电瓶车，对于最终头部受伤这一损害的发生，也有一定的过错。毕竟，如果戴了头盔，或许就不会受伤，或者至少头部的伤情会轻一些。

不过，张阿姨的律师依然坚定地进行辩解："虽然张阿姨没有戴头盔，但交警已经认定了这起事故发生的全部原因在于米小姐，所以当然还是应该由她全部赔偿呀。"

"事故发生的责任划分，与损害发生的责任划分，并不完全等同。如果受害者对于损害的发生或者扩大有一定的过错的话，那么也是可以酌情减少肇事者的赔偿责任比例的。"面对着再一次争执不下的双方，我给出了一个明确的答复。

庭审到了这分儿上，案件还是有很多调解的空间的，减少米小姐 10%～30% 的赔偿责任，这应该是比较合理的解决方案。遗憾的是，虽然米小姐、保险公司，甚至张阿姨的律师都赞成和解，但张阿姨却坚决不同意，一定要米小姐这边承担 100% 的赔偿责任。

最终，对于张阿姨因为交通事故产生的损失，我酌情认定米小姐应该承担 80% 的赔偿责任，张阿姨则自担 20%，当然，米小姐这边的赔偿金额，全都是由她的保险公司负担。

不过判决之后，张阿姨倒也没有上诉，可能她最终也算明白了戴头盔的重要性吧。

### 案件启示录

1. 很多人对于交通事故的理解，可能还停留在"碰撞"的阶段，觉得总归得"撞上了"才算交通事故，其实不然。"非接触性交通事故"的特点就在于"非接触"，即使没有接触，只要是因为你的交通违规行为而发生了交通事故，你就应该承担相应责任。

所以，各位开车的朋友，准备拐弯的时候，一定要主动观察周边车辆，特别是电瓶车。如果你拐得过急，别人为了躲避你而自己翻车摔倒（特别是雨天），你也是要承担责任的。

反之，各位骑车的朋友，如果遇到了前述情况导致自己摔倒，咱也别自认倒霉，记得报警求助。毕竟如今监控非常发达，不愁找不到肇事者，咱也要让那些交通违规的人承担起他们该承担的责任。

2.《民法典》第一千一百七十三条规定：被侵权人对同一损害的发生或者扩大有过错的，可以减轻侵权人的责任。

在本案中，虽然经过查看监控视频，可以知道这次事故发生的全部责任都在于米小姐，但是如果张阿姨按照规定戴了头盔，那么她摔倒后头部受伤的严重程度应该会有所降低，所以最终的判决中，我们酌情减少了米小姐的赔偿责任。

这就是典型的"事故责任"与"损害责任"之间的区别。

第八章

# 发生意外，想告赢还得多读法条

## 倔老头与保安争执而摔伤，为何还没告赢？

"我爸爸都80岁的人了，居然被小区保安如此虐待！腿都骨折了！这种黑心的物业公司就应该赔到破产！"这位在原告席上破口大骂的，是原告老尤的儿子小尤，今天他是作为老尤的代理人出庭，当然，这位"小尤"也有四五十岁了。

我扫了眼老尤的诉状，诉状写的是老尤骑着老年人电动助力三轮车出去遛弯儿，回来的时候，在小区大门口和保安发生了纠纷，争执之间摔倒在地，骨折了。

当晚小尤就去找物业公司吵了一架，还录了音。在医院躺了3个月的老尤，出院后第一件事儿，就是把物业公司起诉到法院，要求赔偿医疗费、营养费、误工费、精神损失费什么的，零零碎碎加起来好几万。

毕竟是个80岁的老爷子，骨折住院把他折腾得够呛，于是开庭之前，我就询问双方有无调解意向。不承想，物业公司的法务直接回绝了："法官，这个案件如果我们赔了哪怕一分钱，那咱物业工作就没法做了，这个社会也要乱套了。"

"还物业工作没法做？你们物业公司不就是服务业主的吗？我爸就是吃完饭骑车出去溜达，然后他溜达回来，你们就把他弄骨折了，你们这是什么服务态度？"小尤腾的一下站起来了。

我敲了敲法槌，安定了一下法庭秩序，眼神望向了物业公司的法务，因为我也很想知道到底发生了什么事儿，毕竟光看原告写的诉状是不可能知道真相的，大多原告在诉状中隐瞒对他们不利的真实情况了。

"是这样的，这个老尤骑着老头乐回到小区大门口时，把一个小女孩给撞倒了，他居然只是下车看了一眼，然后就准备骑车跑路，所以我们的保安才拦住了他。法官您说说看，这种情况下，换任何人也得拦住他啊！"物业的法务解释道。

听完这话，小尤倒也不否认，但依然扯着嗓子怼了回来："撞人了怎么了，就算真撞人了，那也有交警啊，也有警察啊，关你们物业保安什么事儿？你们又不是警察，凭啥拦住我爸啊？你们有执法权吗？"

得，这是遇到撒泼的硬茬了，话说我在法院工作这么多年，时不时总会遇到一些蛮不讲理的人，但这种把小女孩撞了他就跑，别人拦他他就倒的，我着实见的也不多。

"法官，退一万步说，对于撞了人就跑的，我们物业保安进行拦阻，这也算是见义勇为呀。而且拦阻行为并未超过合理限度，并不存在任何的过错行为，所以不应承担任何赔偿责任"。物业的法务一边说着，一边举证了当时现场的监控视频。

打开监控视频一看，还真是，老尤的"老头乐"电动三轮车在小区门口拐弯的时候，把一个小女孩蹭倒了，老尤下车看了眼就准备走，然后被一旁的保安给拦住了，但老尤却是毫不理睬，扒开保安的手准备扬长而去，于是保安只能拉住老尤的衣服进行阻拦。

这一拉可不得了，老尤可能是失去了重心，就摔倒在地上了，也就有了后面的故事。

看完监控，案件事实已经基本确定，从侵权的角度来说，保安是不存在相应过错的：一是因为物业保安的一项工作职责本来就是协助维护小区的安全秩序，所以面对撞人就跑的老尤，进行一定的阻拦也是履职的行为；二是监控视频中保安的拦阻行为也没有超过必要的限度，毕竟在最初的阻拦无效的情况下，保安也不可能只用"眼神防守"；三是从公序良俗的角度，即使不是小区保安，而是旁观的路人，在小女孩被撞倒的情况下阻拦肇事者离开，这也属于广义上的见义勇为，在没有超过必要限度的情况下，即使造成了肇事者受伤，也因不存在过错而无需承担赔偿责任。

按照以上的思路，我很快就判决了老尤败诉，判决书送达之后，老尤还不服，提起了上诉，二审的结果很快也下来了：驳回上诉，维持原判。

**案件启示录**

《民法典》第一千一百六十五条规定：行为人因过错侵害他人民事权益造成损害的，应当承担侵权责任。

这就是侵权中的"过错原则"，大多数侵权行为都适用这一原则，重点是：造成损害的这个行为，必须是"有过错"的。比如你正当防卫时打伤对方、警察抓逃犯时你绊倒了逃犯，这些行为都造成了人的损害，但是上述行为并不具有过错，所以也都无须承担侵权责任。

本案中，根据以上的"过错原则"，在面对小女孩被老尤撞倒之后，老尤准备扬长而去的情况下，保安阻拦老尤离开是正常的履职行为，符合公序良俗，也没有超过必要的限度，因此不应认定保安存在过错，所以判决保安所属的物业公司不承担侵权责任。

其实对于这类具有社会导向意义的案件，法院的判决一般都比较慎重，如果判决结果脱离了人民群众的普遍价值观，就很容易引发负面导向作用。比如很有名的"电梯劝阻吸烟猝死案"，就是发生在河南郑州的一个真实案件：一位医生在电梯里劝告一位69岁的大爷不要在公共场所抽烟，双方因此发生言语争执（并无肢体冲突），可能是因为争执导致情绪波动较大，十多分钟后，大爷就突发心脏病死亡了。其后，大爷的老伴把医生起诉至法院，要求赔付40多万元的死亡赔偿金。

郑州金水区法院一审判决医生补偿1.5万元，引发了舆论的轩然大波：大家都觉得在公共场所吸烟本来就是不文明的行为，医生劝阻大爷在公共场所吸烟并无过错，为何还要补偿1.5万元呢？

在舆论的风口浪尖上，这个案件进入了郑州中院进行二审，最终郑州中院认定医生并无过错，改判医生无须赔偿或补偿任何款项。这份二审判决得到了大多数网民的认可与称赞，恰当的判决能给社会带来正确的价值导向，至少能让每一个在做正确的事情的人不会心寒。

# 每个人都要知道的"自甘风险"条款

"是老王邀请我去打羽毛球的，那么老王当然要对我的安全负责，现在我出了事，而且还是老王动的手，当然应该由老王来赔偿。"

坐在原告席的老林，在苏城颇有名气，在市级机关单位的羽毛球比赛中拿过单打冠军，虽然年过五十，但是体能非常好，是苏城有名的羽毛球王。

两个月前，老林的球友老王邀他周末打球，双方有来有往，厮杀得十分激烈，结果在老王的一次网前扣杀之后，来势迅猛的羽毛球正巧击中了老林的眼睛。紧急送医的老林被诊断为视网膜脱落，手术之后还是遗留了一定的视力缺损。于是老林把老王告到法院，要求老王赔偿医疗费、残疾赔偿金等费用共计 10 万余元。

"群众性活动的组织者，未尽到安全保障义务，造成他人损害的，应当承担侵权责任。老王作为组织者，当然应该对老林这个参与者受到的损害进行赔偿。"庭审中，老林的律师推了推眼镜，搬出了法律条文。

但是这个法条在本案中显得有些怪怪的：老王也就是叫老林打个球，两人都是长年的球友，周末一起运动一下，怎么说老王也不至于被扣上"群众性活动组织者"这个大帽子吧。

庭审中的老王也很是委屈："法官，我也不是故意打到老林的，我俩当球友都快 20 年了，扣球是常规操作，谁也不知道会发生这样的事儿啊。我愿意补偿一些钱给老林，但如果要我承担全部的责任，我也觉得委屈，毕竟任何运动都是有一定风险的，运动时受伤，也不能全赖对方啊。"

听完老王的说法，老林似乎也有些唏嘘。我嗅到了一丝双方可以握手言和的可能性，于是把老林和他的律师单独叫到了调解室，给老林出示了一下《民法典》中某个独特的条款。看完之后，老林陷入了沉默，他的律师也没了言语。

回到法庭，我问老王："毕竟你们俩也是这么多年的朋友，且不论谁的责任，你愿意补偿老林多少钱呢？"

"我愿意补偿个 3 万块吧，这笔钱是我出于一个朋友的自责补偿的，虽然我不是故意的，但毕竟老林也是因我而伤，就算法律不要求我赔钱，我也不希望我们 20 年的友情因为这件事而破灭了。"

这个数字我觉得已经很有情义了，我望向老林，又晃了晃手里的《民法典》。老林见状，一口答应了这个补偿方案，双方也算是握手言和，不再因为这个意外而心生罅隙。

庭后，书记员小曹好奇地问我："艾法官，您给老林看了啥法律条文，让他心服口服的？"

"嘻，一看你就没有认真读过《民法典》，和之前的《侵权责任法》相比，《民法典》有一个非常特殊的'自甘风险'条款，你自己回去好好研究一下吧。"

"那您怎么不直接判决驳回老林的诉讼请求呢？"小曹挠了挠头，继续问道。

"法律只能解决法律范围内的事情，虽然在法律上老王可能不需要承担赔偿责任，但这个意外毕竟也是由他造成的，老王能拿出3万元来消解自己在这起意外中的愧疚，老林的委屈也算有了个出口，这也算是个好结局啊。毕竟，法律是冰冷的，但是两个老伙计的友情，可以是温热的呀。"

## 案件启示录

《民法典》第一千一百七十六条规定：自愿参加具有一定风险的文体活动，因其他参加者的行为受到损害的，受害人不得请求其他参加者承担侵权责任。

这就是《民法典》中非常著名的"自甘风险"条款，也是此前的法律中从未规定的条款，该条款进一步降低了法律和稀泥的可能性。

在本案中，老林虽然是个受害者，但他作为一个有着几十年球龄的"球王"，应该非常清楚地知道羽毛球运动中的相关风险，而老王的扣杀也是常见的羽毛球动作。所以虽然老林的不幸遭遇令人同情，但从法律的角度，是不得让其他球友承担赔偿责任的。当然，最终的调解主要也是建立在老王和老林多年的好友关系上，如果老王坚决不愿意赔偿，我们也不会判决他承担任何的责任。

其实很多文体活动都带有一定的风险性，在篮球、足球、羽毛球的运动中，确实容易发生人身损害。既然你自愿参加，那就应该默认你愿意承担体育运动可能带来的风险。万一因为运动而受伤，如果对方不是故意的，或者说不存在重大的过失，伤者是不得索赔的。这样的规定，有利于体育运动的正常开展，也不至于让大家一不小心就置身于被索赔的风险之中。

## 公共场所从事有风险运动，"伤者为大"？

"这个广场本来就是用来健身的啊，这个温老太居然放了一个儿童推车在那儿，把我绊倒了，害得我尾椎骨都摔断了，住了半个月的院。这医药费 3 万多元，肯定要她赔给我！"

原告席上这位中气十足的丁老太，和被告温老太是同一个小区的邻居。她们小区中央有个半径 20 米的圆形下沉广场，丁老太习惯在这个广场里绕着圈倒着走路。

对，倒着走路。这种健身方式虽然不太被年轻人理解，但在广大中老年群体里非常流行，"据说"此运动有利于颈椎和腰椎，而且有利于维持小脑的活跃，有助于老年人的保健。

当然，这种健身方式最大的问题就是有点危险。

当时温老太正在广场带孙女，玩到一半，孙女说要买雪糕，于是温老太就和小孙女一起去了小区的超市，儿童推车就留在了圆形广场中间。等温老太回到广场，就看到丁老太摔倒在地上。

原来丁老太在倒走的时候，因为无法看到身后的状况，撞到了儿童推车，直接摔裂了尾椎骨，送去医院做了手术，住院躺了半个月，花了医疗费 3 万多元。刚出院，丁老太就把温老太告到法院了，要求全额赔偿医疗费。

其实案件本来挺好处理，看看监控就知道当时是怎么摔倒的。但问题是，事发广场并没有安装监控摄像头，所以丁老太摔倒时的情况，只能通过双方的陈述去推演了。

"法官，我走的时候，儿童推车是放在广场正中间的。丁老太倒走了这么多圈，早就看到了我的儿童推车，她自己倒走看不到后面，摔倒了怎么能怪我呢？"温老太在被告席叫屈道。

这说得也对，即使是倒着走，丁老太也是绕着圈走的，只要走个一圈下来就肯定能看到温老太和她的儿童推车。

"我可没看到什么儿童推车，我倒走的时候，广场上没有任何障碍物，我也没有看到你和你孙女，我什么都没看到，反正就是突然撞到了个推车，然后就摔倒了。"丁老太并没有认可温老太的说辞。

听完丁老太的一番话，温老太一蹦三尺高："你这也太睁着眼睛说瞎话了吧！我带我孙女在广场中间玩的时候，还和你打招呼了呢，你怎么可能没有看到我们？！"

丁老太正想反驳，我赶紧打住，问她："那你摔倒之前，就一直没有看到温老太吗？"

"是啊，之前我可没见到她，她是我摔倒之后才从广场外面走过来的，接着把我送去了医院。"丁老太言之凿凿。

"那你开始倒走的时候，广场上有没有儿童推车？"我继续追问。

"呃，没有啊。"

"那这儿童推车是凭空冒出来的吗？"我有些无语了。

"哎呀，有可能是我倒走的过程中，温老太把儿童推车放在了广场上，然后带着她孙女走了呗。我背对着她们倒走，看不见也很正常嘛。"丁老太犹豫了会儿，继续回答道。

"你们这个圆形广场半径 20 米，如果从外面进来的话，需要走下好几个台阶才能到广场。按照你的说法，温老太这个 60 多岁的老太太，需要先拎着儿童推车下几个台阶，再走 20 米把儿童推车放到圆形广场中间，之后又走 20 米，再上几个台阶才能离开广场。按照常理，一个 60 多岁的老太太完成上述动作应该是比较缓慢的，你绕圈倒走的过程中居然一直没有看到温老太？"一番推理之后，我不禁有些怀疑丁老太的说辞。

"我听不懂你在说什么，反正我就是没看到她们，也没看到儿童推车。"丁老太嘟囔着并没有正面回答我的问题。

其实调查到这分儿上，从之前案例中提到的"优势证据"规则的角度，大概可以推断出当时的情况：倒走的丁老太肯定看到过温老太和她的儿童推车，只不过不愿意承认罢了。庭审结束后，我很快做出了判决：驳回了原告丁老太的全部诉讼请求。

丁老太不服，提起了上诉，最终二审也维持了我的判决，驳回了丁老太的上诉。

**案件启示录**

《民事诉讼法》第六十七条规定：当事人对自己提出的主张，有责任提供证据。

《民法典》第一千一百六十五条规定：行为人因过错侵害他人

民事权益造成损害的，应当承担侵权责任。

在本案中，丁老太认为温老太存在侵权行为，就有义务证明温老太存在侵权的过错。而温老太在公共的活动广场中心放置儿童推车，这在日常生活中非常常见，不违反什么禁止性的规定，也不可能预见到这会给其他人带来什么伤害。

反观丁老太，整件事的起因本就在于她在公共场所进行了"倒着走"这一具有一定风险性的健身行为，所以她在倒走的过程中本来就应该更加谨慎。而现有证据表明，丁老太并未妥善注意周边的环境，才会因疏忽撞上身后的儿童推车而摔倒，所以，本案中并不能对温老太科以赔偿责任。

可能有些朋友会问，为什么这次没有尝试进行调解，让温老太也象征性地补偿一点钱呢？其实法官的审判工作有个原则，那就是"能调则调、当判则判"，如果一个人真的没有什么错，为什么还要试图说服她赔点钱呢？

毕竟，法律并不是"伤者为大"，更不是和稀泥。

# 玻尿酸之谜：为何医疗损害纠纷适用"过错推定原则"？

"我在他们整形医院打玻尿酸和肉毒素，花了5万多元，结果打完之后脸很疼，玻尿酸也一直没能溶解和吸收，于是又花了3万块去公立三甲医院做手术取出玻尿酸，这就是他们整形医院的医疗事故！"

原告席上的陈大姐打扮得光鲜亮丽，脸很精致，看来平时没少在医美上下功夫。如今语气愤然的她，要求判决被告整形医院退还5万多元的打针费用，并且赔偿她在公立三甲医院花费的用来取出玻尿酸的3万元医疗费。

我倒是第一次接触整形美容的案件，听着"肉毒素""玻尿酸"这些词儿，感觉还挺陌生。趁着陈大姐宣读诉状的时间当口，我赶紧回忆了下自己之前做的功课。

玻尿酸学名叫"透明质酸"，在医疗美容领域广泛用于脸部填充、塑形、除皱等方面，在注射之后可能存在一定的不良反应。但随着时间的流逝，玻尿酸基本都会被人体吸收，如果想要维持医美效果，届时需要继续注射。

肉毒素学名叫"肉毒杆菌毒素"，在医疗美容领域大多是用于除皱，但它其实是一种神经性毒素，是通过麻痹肌肉使肌肉失去跳动能力而消除皱纹，这听着就有风险。

陈大姐读完了诉状，被告整形医院的律师很淡定，直接答辩道："虽然陈大姐脸上的玻尿酸出了问题，但目前没有证据可以证明出现问题的玻尿酸是在我们医院打的呀。陈大姐热衷于医美，谁知道她有没有去别的小诊所打玻尿酸呢？"

听完这话，陈大姐气得跳了起来："你胡说！我从你们医院打完玻尿酸之后半年就去公立三甲医院做手术了，不就是因为你们的玻尿酸和肉毒素打得有问题吗！"

"法官，您听听，这都半年之后才去做的手术，谁知道这半年里有没有发生别的事情，然后赖到我们医院身上。"

眼看着陈大姐听完这话就要发飙，我赶紧制止了整形医院律师的发言，问道："你们医院对于陈大姐的治疗，有没有保留病历？如果有的话，庭后一周内提供病历资料交给法院审查。"

因为对于医疗损害责任纠纷，法律规定是适用过错推定原则的，也就是如果医疗机构无法提供有关病历资料，或者存在违反诊疗规范的行为，那么就直接可以推定医疗机构对于患者受到的医疗损害存在过错。这种规定，也是考虑到医疗行为的特殊性，还有患者在面对医疗机构时天然的弱势地位。

没多久，陈大姐的病案资料就交过来了，粗看好像也没什么问题，各种材料都齐全，但是给陈大姐做玻尿酸注射的老医生引起了我的注意。这位老医生确实有执业医师证，但登记的执业类别居然是"中医"，执业范围为"中医专业"。

老中医居然也能打玻尿酸和肉毒素吗？

我赶紧又查阅了原卫生部 2009 年颁布的《医疗美容项目分级管理目录》，里面虽然列明了一些美容中医项目，但都局限于"中药内服""针灸美容"等领域，而对于"肉毒毒素美容注射"则明确规定系"美容外科"的一级项目。简而言之，给陈大姐注射肉毒素和玻尿酸的医生是不具备相应资质的。

案件审到这分儿上也比较清晰了，我也给了整形医院一定的举证期限，但他们实在无法举证那名"老中医"具有美容外科专业资质。

最终我判决支持了陈大姐的全部诉请，整形医院虽然不服，提起了上诉，但二审还是维持了我的判决，驳回了整形医院的上诉。

## 案件启示录

《民法典》第一千二百一十八条规定：患者在诊疗活动中受到损害，医疗机构或者其医务人员有过错的，由医疗机构承担赔偿责任。

《民法典》第一千二百二十二条规定：患者在诊疗活动中受到损害，有下列情形之一的，推定医疗机构有过错：

（1）违反法律、行政法规、规章以及其他有关诊疗规范的规定；

（2）隐匿或者拒绝提供与纠纷有关的病历资料；

（3）遗失、伪造、篡改或者违法销毁病历资料。

这就是医疗损害纠纷中非常有名的"过错推定"原则，意思是：即使没有直接的证据能证明医院存在直接侵权的行为，但只要是医院没有按照医疗规范来操作，那么就可以推定这家医院存在过错，医院就应该承担赔偿责任。无论是本案的医疗美容纠纷，还是其他普通医疗行为，都适用这一原则。

因此，如果在日常的就诊、治疗、手术等诊疗行为中受到了损害，大家都可以勇敢地提起诉讼，而不必太担心相应证据材料的问题。毕竟，如果医疗机构连病历都拿不出来的话，直接就可以认定其存在过错了。当然，医疗损害的维权应该通过正常的法律途径，即使情绪再激动，也不能采取类似"医闹"的过激行为。

可能有些朋友会觉得，虽然老中医没有美容外科的执业资质，但也不能证明这家整形医院的肉毒素和玻尿酸存在质量问题。其实在本案中，陈大姐被注射的肉毒素和玻尿酸是否存在质量问题已经不重要了，由没有相应资质的"老中医"来操作医疗美容手术，这一违规行为已经足以判定这家整形医院承担全部的赔偿责任了。医疗损害的归责原则之所以这么特殊，就是为了让诊疗行为杜绝一切出现错误的可能。毕竟一旦犯错，可能就是生命的代价。

最后告诫大家，医疗美容存在一定的风险，如果一定要进行医美手术，建议选择正规的、有资质的医院，毕竟，健康和安全才是第一位呀。

## 医疗过错司法鉴定：我不是"医闹"

在法庭上，我见过很多悲伤的当事人，有的人因为丈夫车祸死亡而号啕大哭，有的人因为年迈父母离世而泪流满面，有的人因为遇人不淑而无助啜泣。人世间的悲苦并不相通，但或许泪水总能让人同情。

而我面前的这位李女士，她的脸上并没有眼泪，但面无表情的她，空洞的眼神中透着一股哀莫大于心死的悲凉。这般悲伤到极致的当事人，我倒是第一次见。

　　她是个失独妈妈，她的独女佳佳是个高中生，一次晚自习之后佳佳发烧，于是李女士就带佳佳去了家旁边的一家私营医院看急诊。这家私营医院的医生，直接开了点退烧药，就让她们回去了。

　　结果第二天佳佳极度不适，高烧不退，又去复诊。还是那位医生，这次给佳佳又开了退烧的吊瓶。

　　但是两个吊瓶打完，佳佳依然没有好转。第三天，李女士没有再去那家私营医院，而是带着佳佳前去苏城最好的三甲医院看病。医生给佳佳验血之后立刻诊断为"病毒性心肌炎"，当天立刻安排住进了 ICU，但病情发展过于迅猛，还没来得及手术，当晚佳佳就去世了。

　　三甲医院的医生遗憾地和李女士说：如果佳佳能够早两天确诊，可能还救得回来。

　　于是中年丧女的李女士直接将那家私营医院告到法院，要求其对于佳佳的死承担责任，并赔偿死亡赔偿金 80 多万元。

　　"李女士，虽然您女儿的悲剧非常令人同情，但现代医学技术毕竟不可能立刻确诊所有的疾病，而且造成您女儿去世的原因，也是凶猛的疾病，而不是我们医院呀。"庭审中，私营医院的律师这番话听着也挺有道理。

　　"我就是想知道，你们医院在诊疗我女儿的时候，有没有过错？"李女士语气平静地回复道。

　　"法官，我们医院的一切诊疗行为都是合规的，我现在可以向法庭提交李女士的女儿当时所有的病历资料。"被告医院的律师一边说，一边提交相应的证据。

我接过来看了看，诊疗资料都齐全，粗粗看来，并没有什么纰漏。

"法官，我们都不懂医学，就这么看，当然看不出个所以然来，我申请法院进行医疗过错责任司法鉴定。"李女士提出了新的要求。

"我们医院所有的病历资料都齐全，您女儿是因为疾病发展过于迅猛才去世的，如果每一个急性病症导致死亡的病人，都要进行医疗过错鉴定，那多浪费司法资源呀。李女士，您这样坚持，未免有些像'医闹'了吧？"被告医院的律师用词开始有些尖锐了。

"法官，我不是'医闹'，我只是想给我死去的孩子讨个说法。"虽然对方用词尖锐，但李女士依然语气平静，只是平静中透着一股坚持到底的韧劲儿。

鉴于李女士申请司法鉴定，我只能休庭，花点时间考虑一下是否准许她的鉴定申请。

三天后，书记员小曹一边给双方发鉴定摇号通知书，一边好奇地问我："艾法官，这种连初步过错证据都没有的案件，您怎么会同意她的鉴定申请呢？"

"面对一条年轻的生命，我们还是需要慎重一些。至少，我们不能让这位失独妈妈带着这么一个谜团度过余生。"

一个月后，鉴定报告出来了，这家私营医院还真被认定为存在过错。而且鉴定机构认为，佳佳自身疾病与医院的医疗过错行为均与佳佳的死亡存在因果关系，两者的原因力大小难以区分主次，故认定两者各为同等责任。

略有惊讶的我仔细地看了几遍鉴定报告，原来，那家私营医院的医生，在两次接诊的时候，都没有对佳佳进行查血，也没有对佳佳的脉搏、血压、心肺进行听诊，而是简单地认定佳佳是普通的发烧，未能及时发现病情的严重性，从而一定程度上耽误了治疗，因此存在过错。

当然，对于这些细节问题，我们这些不懂医学的人，确实光看病历资料是看不出来的。

有了鉴定报告，我的判决很快也下来了，因为是同等责任，所以判令被告私营医院赔偿 50% 的死亡赔偿金，双方都没有上诉，案件就这么结束了。

整理卷宗准备归档时，书记员小曹突然问我："其实大多数发烧，都是普通的感冒发烧，吃点退烧药，或者打个吊瓶就能好，那家医院只是没有验血、没有查体，就要承担 50% 的责任，未免太重了吧？"

"医学里的责任分配规则我也不懂，但是，这或许有点像我们办案：有些案件对我们来说只是一个案件，可对当事人来说就是整个人生。"

**案件启示录**

《民法典》第一千二百二十二条规定：患者在诊疗活动中受到损害，如医疗机构有违反法律、行政法规、规章以及其他有关诊疗规范的规定的，推定医疗机构有过错。

依旧是经典的"过错推定"原则：虽然没有直接的证据能证明

医院存在直接侵权的行为，但本案中的医院没有按规范进行查血、听诊，那么就可以推定这家医院存在过错，应该承担赔偿责任。

医患纠纷一直是个值得关注的社会问题。由于医学的专业性，大多数患者对医生有无违规操作是无法进行专业判断的，这种信息的不对称，就导致了法律在医疗纠纷领域采用了"过错推定"原则，要求医疗机构"自证清白"，否则就推定其有过错。

当然，现代医学毕竟也有局限性，并非所有的疾病在现代医学条件下都可以得到治愈。这也导致有些患者在没有得到有效治疗后，出现不理智的伤害医护人员的行为，甚至出现故意"挟尸索赔"的"医闹"行为。鉴于此，《中华人民共和国刑法修正案》也将医闹入刑，切实保障医疗机构的正常运行。然而，打铁还需自身硬，各级医疗机构只有切实按照诊疗规范来开展医疗工作，才能在真的遇到"医闹"时有底气去面对。

其实在本案中，佳佳就算在第一天就被确诊，可能最后也不一定能战胜凶猛的病魔，但正确的诊疗行为至少能给佳佳更多的希望。希望医护人员都能重视每一位病人的病情，毕竟，任何一个失误，都可能导致不可挽回的损失。

同时，如果有朋友不幸因诊疗失误而受到损害，我在此也鼓励大家勇于以法律维护自身权利。如果双方对于诊疗行为是否存在过错、过错与患者受损之间是否存在因果关系有争议，也可以通过司法鉴定的方式来认定。

# 酒局出了人命，组局者如何担责？

"这个案件的原告也太过了吧，这也能来打官司？"正在发传票的小曹突然感叹了这么一句。

听到他的吐槽，我探过头去看了看这个案件的卷宗材料，原来是个酒驾死亡的死者家属向共同饮酒的人员进行索赔的案件。我心想这种案件还确实不多见，但还是回了他一句："这种诉求也很正常，具体是否支持、支持多少诉求，还是要开完庭才知道。"

案情倒也不复杂，大刘和老王、小李都在同一家公司上班，3个人都喜欢踢足球，关系非常好，也经常在一起聚餐、喝酒、看球赛。一个月前的一个周末，老王在微信群里组局，邀约大刘和小李晚上一起去某个酒吧喝酒看球。

当晚，3个人支持的球队赢球了，大家都非常开心，洋酒和啤酒轮着喝，很快就喝大了。酒局结束之后，大刘居然还开着小李的车，酒驾带着老王和小李一起去吃夜宵。

结果车辆失控撞上了桥墩子，大刘当场身亡，老王摔断了腿，小李撞折了胳膊。大刘的新婚妻子小丽悲痛欲绝，就把老王和小李都告了，要求他们支付大刘的死亡赔偿金80万元。

客观来说，大刘自己主动醉驾，自然要承担主要的责任，所以老王和小李不可能赔偿全部的80万元。但老王是否尽到了一个聚会组织者的注意义务、是否对大刘的酒驾进行了劝阻？小李作为汽车的车主，醉酒的大刘是如何开上他的车的，在此过程中小李有无过错？这都会直接影响责任的分配和认定。

庭审中，小丽一边哭得梨花带雨，一边控诉道："如果不是老王组了酒局，如果不是小李把车钥匙给了大刘，大刘也不会死！你们还我老公！"

被告席上，拄着拐杖的是老王，胳膊上缠着绷带的是小李，两人一脸委屈，但面对着泪流满面的小丽，又不便给自己开脱。

沉默了一会儿之后，组局的老王先开了腔："法官，这真不关我们的事，大刘他自己要去开小李的车，当时我们也都喝多了，拦也拦不住呀。"

"对对对，是大刘自己要去开我的车的。我当时在酒吧里就已经喝多了，我怎么上车的、大刘怎么拿了我的钥匙，我都完全不记得了。我只知道车祸发生的时候我躺在车后座上，然后就撞折了胳膊。小丽嫂子，我也是受害者啊，我自己受伤了都没找你们家赔钱，凭啥你们家还找我赔钱啊？"小李也赶忙给自己辩解，越说越觉得自己有些委屈。

小丽听完这话，立刻腾的一下站了起来："你们还有脸找我们家要赔偿？我看当时肯定就是你们俩怂恿我家大刘去开车的！"

我赶紧敲了敲法槌，安定了一下法庭秩序，转头盯着老王："你作为聚会的组织者，看到大刘要酒后开车，你都不阻止吗？而且为什么你还坐上大刘开的这辆车呢？"

"我也喝多了，不太记得了。印象中我应该是拦了啊，只是拦不住啊，大刘力气比较大嘛。而且我们说好了一起去吃夜宵，当然是坐一辆车。对了，当时小李已经喝多了，睡在车子的后座了，我也要照顾他。"老王说得也有鼻子有眼的。

　　眼看着双方都是空口说白话，这时小丽提出了一个建设性的意见："法官，我申请法院调取一下现场监控，无论结果如何，我总归要弄明白我老公是怎么出的事！"

　　"可以的、可以的，我们肯定没什么问题。"小李这边连连点头同意，他身边的老王倒没什么言语。

　　休庭之后，我去事发的酒吧尝试调取他们门口的监控录像，酒吧的经理倒也很热情地接待了我。但去他们的监控室查了之后才知道，他们家安装的商业监控视频只能保存一周，之后就会被自动覆盖。我问了问周边的商户，也都是如此。

　　有些泄气的我站在酒吧门口，死去的大刘当初就是在这儿开着小李的车疾驰而去，但当时他们三人之间到底发生了什么，看来是难以查清了。

　　不过我一抬头，发现了查清真相的最后一线希望——公安部门在路口安装的治安监控。

　　一周后的庭审上，所有人都看到了当时的监控视频：凌晨时分，大刘把已经喝得不省人事的小李搀扶进汽车的后座，然后是老王拿着车钥匙坐上了驾驶座，准备开车。这边安顿好小李的大刘，却又走向驾驶座，和老王好像争执了几句，然后老王被大刘拽出了驾驶座，塞进了副驾驶座，接着大刘坐上驾驶座，发动汽车离开。

　　3分钟后，汽车撞上了一公里外的桥墩，驾驶座上的大刘当场身亡。

　　看到这里，庭上的老王已经是泪流满面，我问他："你当时和大刘在争执什么？"

老王哽咽着说："他当时说他喝得比我少，他开可能安全点，我也拗不过他，就让他开了，可没承想还是出事了。如果当时他没和我换，可能现在死的就是我了。"

看完视频的小丽冲上去哭喊着捶打老王，老王并没有还手，我也没有阻拦。等他们都发泄完情绪，我回了老王一句："你们如果当时叫个代驾，那谁都不会死。"

我又转头对小丽说："虽然当时老王没拦住大刘酒驾，作为一个聚会组织者，这确实有错，但大刘作为一个成年人，他应该对自己的行为负责，他自己要酒驾，那么就应该承担最严重的后果。"

小丽沉默了半响，似乎也接受了这样的现实，轻声说："艾法官，谢谢你让我看到了大刘生前最后的画面，至少我现在看到了当时的真相，我也没什么遗憾了。"

案件最终并没有进入宣判程序，毕竟在这样的监控视频面前，老王也没脸再说"不愿意赔偿"这种话。在我的主持下，双方达成了和解。对于80万元的死亡赔偿金，大家确认大刘自负70%的责任，剩余的30%责任，老王承担了25%，算下来是20万元，小李承担了5%元的责任，就是4万元。至于老王和小李自己受伤的医疗费，就都自行负担了。

在调解过程中，我对于小李居然愿意承担赔偿责任感到很惊讶："你其实不需要承担责任的，毕竟监控视频中你是完全醉酒状态，钥匙也是被老王拿走的，你其实没什么过错。"

小李苦笑了一下，说："看了视频我才知道，我喝成那样之后，是大刘在照顾我，是他把我扶进车里，而他却是开着我的车出的事。不知道为什么，我总觉得对他有些愧疚。"

说完，他顿了顿，看了看老王，又说："这 4 万元，我是换一个心安。"

## 案件启示录

《民法典》第一千一百七十三条规定：被侵权人对同一损害的发生或者扩大有过错的，可以减轻侵权人的责任。这就是"自身过错"条款，在本案中，也正是因为大刘明知自己喝了酒，还要酒驾，是车祸发生的最主要原因，所以大部分的责任应该由大刘自行承担。

《民法典》第一千一百九十八条规定：群众性活动的组织者，未尽到安全保障义务，造成他人损害的，应当承担侵权责任。这就是"聚会组织者的安全保障义务"条款，简而言之就是谁组局、谁负责，聚会的组织者有义务保障聚会参加者的安全。

近年来，参加酒局后发生事故而死亡的案件，正在慢慢变多。对于这类悲剧，法院大多时候都会从"聚会组织者的安全保障义务"的角度，对酒局的组织者甚至是参加者，科以一定比例的赔偿责任。

当然，正常情况下，并不会如本案调解结果一样让聚会组织者承担 20% 以上的责任，毕竟酒驾死亡这类事件最根本的过错还是在于酒驾者自己。但是本案中有一定的特殊性，那就是老王明知大刘酒驾，自己还一同搭乘，所以承担的责任比例会相对高一些。

司法判决其实也是一种社会风气的风向标，这类判决，主要是希望社会能够形成互相关心、互相扶助的风气。邀约聚会饮酒，这本是"呼儿将出换美酒，与尔同销万古愁"的人生快意，但聚会组织者同时也负有照顾醉酒的朋友、尽可能地保证醉酒朋友安全的义务，不要让一群人的"人生快意"，变成一个家庭的"人生悲剧"。

最后说一句：珍爱生命，远离酒驾。